Ulf Tödter / Jürgen Werner

Erfolgsfaktor Menschenkenntnis

Mitarbeiter, Kollegen und Chefs besser verstehen
Entwicklungspotenziale erkennen und fördern
Das Selbstmanagement im Berufsalltag optimieren

Cornelsen

Verlagsredaktion: Ralf Boden
Layout und technische Umsetzung: Text & Form, Karon / Düsseldorf
Umschlaggestaltung: Magdalene Krumbeck, Wuppertal
Titelfoto: © IFA-Bilderteam

Informationen über Cornelsen Fachbücher und Zusatzangebote:
www.cornelsen-berufskompetenz.de

2. Auflage

Druck: Druckhaus Thomas Müntzer, Bad Langensalza

ISBN 978-3-589-23507-0

 Inhalt gedruckt auf säurefreiem Papier aus nachhaltiger Forstwirtschaft.

VORWORT

Mit diesem Buch können Sie Ihre Menschenkenntnis praxisnah erweitern. Wir beginnen mit einer Einführung zum Thema Menschenkenntnis und präsentieren Ihnen dann – direkt auf den Berufskontext zugeschnitten – zentrale Persönlichkeitsprofile.

Sie erfahren anschaulich, was Ihre Kollegen und Mitarbeiter, aber auch Ihre Chefs motiviert, wie sie bevorzugt Entscheidungen treffen, mit Zeit umgehen, was ihnen Stress macht und wo ihre Entwicklungspotenziale liegen.

Zur Potenzialanalyse finden Sie zu jedem Persönlichkeitsprofil spezielle Werte- und Entwicklungsquadrate. Diese sind ein nützliches Instrument für Einstellungs- oder Mitarbeitergespräche und eignen sich darüber hinaus auch für das Selbstmanagement als Führungskraft. Querschnittsübersichten ermöglichen Ihnen einen Vergleich der Profile auf einen Blick.

Wir werfen außerdem einen Blick auf die typischen Fehler der einzelnen Profile bei der Wahrnehmung und Beurteilung anderer.

Sie erhalten Checklisten zur Selbsteinschätzung und zudem viele praktische Tipps für den Berufsalltag – für einen besseren Umgang mit anderen und ein effektiveres Selbstmanagement.

Die Autoren möchten sich herzlich bei allen Menschen bedanken, die mit ihrem Erfahrungswissen geholfen haben, dieses Buch mit Wissenswertem zu füllen.

Freiburg, im Sommer 2006

Ulf Tödter
Jürgen Werner

DIE AUTOREN

Ulf Tödter, Umweltwissenschaftler, sieben Jahre Geschäftsführer einer internationalen Umweltorganisation, seit 1997 freiberuflich tätig als Organisationsberater, Trainer und Coach. Schwerpunktthemen: Führung, Selbstmanagement, Coaching, Menschenkenntnis, Lebens- und Karriereplanung, systemisches Denken und Handeln in Unternehmen.

Jürgen Werner, Jurist und Sozialwissenschaftler, seit 1990 freiberuflich tätig als Trainer in der beruflichen Aus- und Weiterbildung. Schwerpunktthemen: Kommunikation, Rhetorik, Argumentation, Menschenkenntnis, Lebens- und Karriereplanung, Intuitionstraining, Zeit- und Selbstmanagement.

Kontakt zu den Autoren:

info@werner-und-toedter.de
www.werner-und-toedter.de

INHALT

1 ERFOLGSFAKTOR MENSCHENKENNTNIS

Wenn es ein Geheimnis des Erfolgs gibt,
dann ist es das:
Den Standpunkt des anderen
zu verstehen
und die Dinge mit seinen Augen
zu sehen.

Henry Ford

Der erfolgreiche Mensch beschäftigt
sich mit den Interessen der anderen,
der erfolglose und der gewöhnliche
Mensch vorwiegend mit seinen
eigenen Interessen.

Alfred Adler

Wer Menschenkenntnis besitzt, ist gut.
Wer Selbsterkenntnis besitzt, hat Aus-
sicht auf Erleuchtung.

nach einem chinesischen Sprichwort

1.1 Die Bedeutung der Menschenkenntnis

Wer professionell mit anderen Menschen zusammenarbeitet, braucht ein gutes Maß an Menschenkenntnis. Das fängt schon bei der alltäglichen Kommunikation an. Wie oft müssen wir hier die Erfahrung machen, dass unsere Äußerung ganz anders verstanden wurde, als wir sie ursprünglich gemeint haben.

Aus Sicht der Kommunikationspsychologie sind Missverständnisse jedoch nicht weiter erstaunlich. Denn das Verstehen einer Information ist eben nicht bloß ein passiver Vorgang, bei dem die Mitteilung genauso empfangen wird, wie sie gesendet wurde. Verstehen ist immer ein aktiver Prozess, bei dem der Empfänger einer Mitteilung das Gehörte und Gesehene durch sein persönliches Informationsverarbeitungsprogramm laufen lässt. Ohne diese Entschlüsselung wäre Verstehen nicht möglich. Exzellente Gesprächspartner argumentieren deswegen von vornherein passend „für die Ohren" des Empfängers, damit die Botschaft auch so verstanden wird, wie sie gemeint war.

Menschenkenntnis ist eine unverzichtbare Schlüsselqualifikation

Menschenkenntnis gehört inzwischen zu einer anerkannten und unverzichtbaren Schlüsselqualifikation in vielen beruflichen Bereichen wie z.B.

- Mitarbeiterführung
- Personalentwicklung
- Coaching
- Verkauf

Menschenkenntnis wird in der Regel nicht eigens geschult

Meist wird sie in diesen Arbeitsfeldern jedoch nicht eigens thematisiert und geschult, sondern stillschweigend vorausgesetzt. Unausgesprochen kommt dabei die Überzeugung zum Tragen, dass wir alle schon eine mehr oder weniger gute Menschenkenntnis besitzen. Für viele ist sie einfach eine Gabe des „gesunden Menschenverstands". Das ist nur bedingt richtig.

Um dem Phänomen auf den Grund zu gehen, sind zwei Arten von Menschenkenntnis zu unterscheiden: die Menschenkenntnis des ersten Eindrucks und die professionelle Menschenkenntnis.

1.2 Die Menschenkenntnis des ersten Eindrucks

Zunächst einmal verfügen alle Menschen über eine gute Portion Menschenkenntnis. Ansonsten könnten wir im Zusammenleben mit anderen gar nicht überleben. Wir alle haben bestimmte intuitive Einschätzungen, wie sich ein anderer Mensch in einer Situation verhalten wird und richten unser Verhalten danach unbewusst aus. Ohne gewisse Vorstellungen über die Eigenarten eines anderen könnten wir z.B. von ihm ausgehende Gefahren nicht erfassen und würden so die Kontrolle über unser Leben verlieren.

Wir richten unser Verhalten nach intuitiven Einschätzungen

DIE MENSCHENKENNTNIS DES ERSTEN EINDRUCKS HILFT BEIM ÜBERLEBEN.

Psychologische Untersuchungen haben ergeben, dass wir innerhalb von Sekundenbruchteilen eine Einschätzung von unseren Mitmenschen bilden. Das ist der berühmte erste Eindruck. Dabei wird unser Gegenüber an einem Raster abgeglichen, in dem alle unsere bisherigen Lebenserfahrungen abgespeichert sind. Das hilft uns dabei, schlechte Erfahrungen zu vermeiden und angenehme Erlebnisse zu wiederholen.

DER ERSTE EINDRUCK BILDET SICH IN BRUCHTEILEN EINER SEKUNDE.

So sahen sich die Versuchspersonen einer Duisburger Studie bereits nach 250 Millisekunden in der Lage, jemanden als autoritär, sympathisch, gefühlsbetont, hinterhältig, intelligent oder langweilig einzustufen. Die bloß schemenhafte Wahrnehmung fremder Gesichtszüge reichte offenbar aus, um zu eindeutigen Aussagen über die vermeintlichen Charaktereigenschaften der Wahrgenommenen zu gelangen.

Und was noch mehr verblüffen dürfte: Der erste Eindruck entpuppte sich als so zwingend, dass auch eine später ermöglichte längere Betrachtung der fremden Gesichter das einmal gefällte Urteil kaum mehr ändern konnte. In einer Viertelsekunde ist das unbewusst ablaufende Urteil über einen anderen Menschen offenbar abgeschlossen.

Der erste Eindruck wird selten revidiert

DER ERSTE EINDRUCK IST OFT FALSCH.

Ob wir es nun wahrhaben wollen oder nicht: Unbewusst stecken wir Menschen in Schubladen. Biologisch gesehen ist dies ein äußerst sinnvoller Vorgang. Dass wir dabei vielen Men-

*Das Urteil des ersten Ein-
drucks ist ein intuitiver
Schutzmechanismus*

schen in ihrer Eigenart nicht gerecht werden, weil wir sie auf der Grundlage vergangener ähnlicher Eindrücke abstempeln, spielt für den Überlebensmechanismus keine Rolle. Dieser soll lediglich bewirken, dass niemand unkontrolliert unsere Sicherheitszäune überwindet, der uns gefährlich werden könnte.

*OBWOHL WIR MENSCHEN AUF DEN ERSTEN BLICK NICHT HIN-
REICHEND EINSCHÄTZEN KÖNNEN, VERLÄSST SICH UNSER
GEFÜHL AUF DEN ERSTEN EINDRUCK.*

Dennoch sagt uns unser Gefühl vielfach etwas anderes. Danach scheint der erste Eindruck ein recht zuverlässiger Ratgeber für die Einschätzung anderer Menschen zu sein. In psychologischen Studien konnte das allerdings nicht bestätigt werden. Hier wird vielmehr auf die selbst erfüllende Prophezeiung des ersten Eindrucks verwiesen. Das bedeutet, dass wir alle späteren Geschehnisse auf der Basis des ersten Eindrucks interpretieren und auf diese Weise voreilig dessen Richtigkeit annehmen; ein äußerst fehleranfälliger Vorgang, den sich Führungskräfte auf Dauer nicht leisten können.

*Der erste Eindruck wirkt
wie eine sich selbst
erfüllende Prophezeiung*

Einen sehr eindrucksvollen Beleg für die selbst erfüllende Prophezeiung des ersten Eindrucks liefert die Studie des amerikanischen Psychologen David Rosenhan. Im Rahmen eines Forschungsprojekts über die Auswirkungen psychiatrischer Diagnosen ließen sich acht psychisch gesunde Versuchspersonen freiwillig in Nervenkliniken einweisen. Sie klagten bei ihrer Aufnahme, dass sie in letzter Zeit Stimmen gehört hätten. Alle Simulanten wurden zur weiteren Beobachtung stationär aufgenommen. Sofort danach verhielten sich die „Patienten" wieder vollkommen normal und klagten über keine weiteren Beeinträchtigungen mehr.

Und was ergaben die Beobachtungen der Psychiater? In keinem einzigen Fall bemerkten die Fachleute den Schwindel. Alle „Patienten" wurden nach einer Beobachtungszeit zwischen 7 und 52 Tagen mit der Diagnose „Schizophrenie in Remission" (im Abklingen) entlassen. Die Eingangsdiagnose Schizophrenie erwies sich als so mächtig, dass ganz normale Verhaltensweisen als Störung gedeutet wurden. Spazierengehen aus Langeweile wurde als Ausdruck innerer Unrast und

Nervosität interpretiert und das Notieren der gemachten Erfahrungen als zwanghaftes Tun diagnostiziert.

DIE WAHRHEIT OFFENBART SICH OFT ERST AUF DEN ZWEITEN BLICK.

Oft braucht es deutliche Überraschungen, um aus einer selbst erfüllenden Prophezeiung wieder ausbrechen zu können. Das hat jeder schon an sich selber feststellen können, der z.B. gegenüber einer neuen Kollegin deutlich auf Abstand ging, weil er sie von Anfang an für falsch und oberflächlich hielt. Erst in einer Krisensituation lernte er zu seinem eigenen Erstaunen andere Seiten der Kollegin kennen, die ihm seither zu einer engen Vertrauten geworden ist.

Immer wenn man erkennen muss, dass man sich in jemandem getäuscht hat, ist der erste Eindruck einem zweiten Blick gewichen. Wer also ein guter Menschenkenner werden will, tut gut daran, wenn er das schnell und grob arbeitende Schubladensystem seines Gehirns zunehmend verfeinert. Riskieren Sie nach dem abstempelnden ersten Blick also öfters auch einen zweiten Blick, bevor Sie mit jemandem (bewusst oder unbewusst) unfair umgehen.

Immer wieder auch einen zweiten Blick riskieren

VORTEILE DER MENSCHENKENNTNIS DES ERSTEN EINDRUCKS
- wird automatisch beim Heranwachsen gelernt
- ermöglicht blitzschnelles Einschätzen
- sichert das Überleben

NACHTEILE
- basiert auf Klischees und Vorurteilen
- erfasst die Individualität eines Menschen nur mangelhaft
- führt zu unreflektierten Fehleinschätzungen

1.3 Die professionelle Menschenkenntnis

Eines wird also selten bedacht, wenn wir meinen, dass doch jeder über eine mehr oder weniger gute Menschenkenntnis verfügt: Diese Menschenkenntnis soll uns in erster Linie vor Gefahren schützen und eine Orientierungshilfe im sozialen Miteinander sein. Dafür brauchen wir zwangsläufig eine Ein-

Schnelle Orientierungshilfe im sozialen Miteinander

Um mit Menschen erfolgreich zusammenzuarbeiten, muss man ihre Individualität erfassen

schätzung des anderen. Diese ist nun offenbar aber nicht dazu geeignet, ihn in seiner Individualität zu erfassen. Aber gerade darum geht es, wenn wir mit Menschen erfolgreich zusammen arbeiten wollen.

Kriterium 1: Einfühlungsvermögen

Dann brauchen wir ein Gespür dafür, wie ein Mensch denkt, was er fühlt und was ihm wichtig ist (Empathie). Der oft beschworene Satz, Menschen da abzuholen, wo sie stehen, beinhaltet nichts anderes. Wer also Menschen für ein gemeinsames Ziel gewinnen will, braucht Einfühlungsvermögen. Das Gleiche gilt für den Verkäufer, der rasch die Bedürfnislage des Kunden herausfiltern muss.

Kriterium 2: Die Fähigkeit zur Perspektivübernahme

Wer sich ernsthaft wahrgenommen fühlt, kooperiert leichter

Hier zeigt sich auch, was einen Profi ausmacht. Die Profis unter den Menschenkennern vermitteln ihren Mitmenschen das Gefühl, ernsthaft wahrgenommen und wertgeschätzt zu werden. Und wer sich erkannt und verstanden fühlt, öffnet sich leichter für die Argumente der anderen und deren Überzeugungskraft. Gute Menschenkenner verfügen also über die Fähigkeit, die Perspektive des Gegenübers zu übernehmen. Der schlechte Menschenkenner sieht an der Bedürfnislage seines Gegenübers schlicht vorbei. Er geht einfach von sich aus und meint unreflektiert, dass alle so empfinden müssten wie er. Er kann sich die Perspektive des Gegenübers nicht zu Eigen machen. Entsprechend versucht er andere so zu motivieren, wie es für ihn selbst gut wäre.

Die energiegeladene Chefin einer Werbeagentur steckt voller Ideen und Pläne. Mehrmals im Monat versucht sie ihre Mitarbeiter für neue Konzepte zu begeistern. In ihrer sprunghaften Art überfordert sie jedoch einige aus dem Team. Je mehr die Chefin fantasiereich ihre Ideen ausbreitet, desto mehr verschließen sich diese Mitarbeiter innerlich, weil aus ihrer Sicht die klare Linie fehlt und das reguläre Tagesgeschäft darunter leidet. Obwohl sie sich selber für ein Motivationstalent hält, ist sie es in Wirklichkeit nur bei den Menschen, die ähnlich „gestrickt" sind wie sie selbst. Introvertierte und sehr strukturierte Menschen erreicht sie oft gar nicht. Ein großer Nachteil für eine Führungskraft!

Obwohl wir im Grunde natürlich wissen, dass Menschen sehr unterschiedliche Auffassungen haben, gehen wir im praktischen Handeln unbewusst doch wieder davon aus, dass andere unsere Sichtweise teilen müssten.

Wir nehmen unbewusst an, dass andere unsere Sichtweise teilen müssten

Die amerikanischen Forscher Burger und Bass haben Manager aus 14 verschiedenen Ländern interviewt. Sie wollten wissen, wie sie die Arbeits- und Lebensziele ihrer ausländischen Kollegen einschätzen. Das Ergebnis war eindeutig: Die befragten Manager gingen fast immer von ihren eigenen Vorstellungen aus und übertrugen diese auf ihre Kollegen. In Wirklichkeit war die Ähnlichkeit jedoch deutlich geringer.

Eine professionelle Menschenkenntnis beinhaltet die Fähigkeiten, sich die Gefühle eines Gegenübers zu vergegenwärtigen (Empathie) und die Welt vorübergehend einmal mit dessen Augen zu sehen (Perspektiv-Übernahme).

Keine Frage: Wer über diese Fähigkeiten verfügt, kann viele Missverständnisse vermeiden. Weil er die Beweggründe der anderen nachvollziehen kann, ist er dazu berufen, andere zu motivieren und zu führen.

VORTEILE DER PROFESSIONELLEN MENSCHENKENNTNIS
- es werden die Beweggründe eines Menschen erfasst
- Kollegen und Mitarbeiter fühlen sich verstanden
- nach Kompetenzerwerb schnelle und differenzierte Einschätzung möglich

NACHTEILE:
- wird nicht automatisch erworben
- Kompetenzerwerb benötigt Zeit

Die professionelle Menschenkenntnis aktivieren, wenn es schwierig wird.

Wenn die Zusammenarbeit mit anderen optimal verläuft, müssen Sie sich natürlich keine Gedanken darüber machen, was den anderen bewegt. Darüber kann man sich freuen und diese Tatsache genießen. Wenn Sie Kollegen und Mitarbeiter aber beim besten Willen nicht verstehen und die Arbeit darunter leidet, dann kann es hilfreich sein, wenn Sie einen Moment innehalten und versuchen, sich einmal in die Position dieser Person zu versetzen.

Dieses Buch gibt Ihnen dazu eine Vielzahl von Anregungen, wie Sie ein Missverständnis oder einen Konflikt aus der Warte der anderen Person betrachten können. Im nächsten Kapitel erfahren Sie, wie die von uns ausgewählten exemplarischen Geschichten zum Verständnis von Menschen beitragen können, mit denen Sie in Ihrem Umfeld direkt zu tun haben.

1.4 Diagnostik – treffsicher und differenziert

Menschen sind einzigartig. Jeden von uns gibt es nur einmal. Unsere ganz individuelle Lebensgeschichte ist nicht austauschbar.

Trotz ihrer Individualität weisen Menschen viel Typisches auf

Und dennoch: Wir weisen bei näherem Hinsehen auch viel Typisches auf, das uns anderen ähnlich macht. Wir nehmen Herausforderungen auf eine ähnliche Weise an, geraten auf eine vergleichbare Weise in verzwickte Lagen und haben ähnliche Überzeugungen. Menschen lassen sich also auch Typen zuordnen. Wie kommt das?

JEDER IST EINZIGARTIG – UND DOCH EIN „TYP".

Wir gleichen uns in zentralen, allgemein-menschlichen Bedürfnissen

Am besten lässt sich das dadurch erklären, dass wir uns in zentralen, allgemein-menschlichen Bedürfnissen gleichen. Diese Bedürfnisse sind deswegen so zentral, weil sie dem Überleben dienen. Neben Essen und Trinken zählen dazu die psychischen Bedürfnisse nach Selbstbestimmung, Anerkennung und Sicherheit. Ist eines dieser Bedürfnisse – aus welchen Gründen auch immer – nicht ausreichend erfüllt, dann richtet sich viel Aufmerksamkeit darauf, diesen Mangel zu beheben. Handelt es sich um elementare Mangelerfahrungen, dann entwickeln sich daraus in der Folge prägende Verhaltensmuster, die sich zu Gewohnheiten verfestigen. Unter dieser Optik lassen sich zentrale Motive (= Beweggründe) ausfindig machen, die große Teile unseres Lebens bestimmen.

Selbstbestimmung, Anerkennung, Sicherheit

AUS ZENTRALEN MOTIVEN FORMEN SICH PERSÖNLICHKEITSPROFILE.

> Für wen Sicherheit ein zentrales Motiv ist, der wird beim Kauf eines Autos nicht so sehr auf den Prestigewert dieses Objekts achten. Viel wichtiger dürfte für ihn sein, welchen Aufprallschutz dieser Wagen bietet und was die Mängelberichte der Fachzeitschriften zu dieser Marke sagen. Ein Verkäufer, der diese Motivlage des Kunden nicht erfasst, provoziert damit Skepsis. Kein geeignetes Mittel für einen Kaufentschluss.

Eine Typisierung von Persönlichkeitsprofilen ermöglicht uns, aus der unendlichen Zahl von Handlungsmotiven die zentralen Motive herauszuschälen. Auf diese Weise gelingt es uns sozusagen, den Wald vor lauter Bäumen zu sehen. Aber Achtung: Das Denken in Typen birgt auch die Gefahr in sich, den konkreten Menschen nicht mehr zu sehen. Dabei wollen wir mit der professionellen Menschenkenntnis unsere Mitmenschen doch aus Schubladen herausholen, in die sie mit dem ersten Blick geraten sind. Bedenken wir:

Zentrale Handlungsmotive bestimmen

DAS A UND O EINER PROFESSIONELLEN MENSCHENKENNTNIS IST EINE FEINE UND DIFFERENZIERTE WAHRNEHMUNG.

Wie kann das gelingen? Indem man etwas Widersprüchliches aushält. Ich erkenne einen Menschen in seinem zentralen Persönlichkeitsprofil und weiß zugleich, dass er nicht nur so ist. Das meint, dass man seine zentralen Verhaltensmuster nicht für immer blind ausleben muss, sondern sich natürlich auch verändern kann. Darin äußert sich der Reifegrad eines Menschen, der über das zentrale Verhaltensmuster nicht erfasst wird.

Menschen können von ihren zentralen Handlungsmustern auch abweichen

> So können Sie sicherheitsorientierte Menschen erleben, die ein Leben lang vorsichtig bleiben und immer auf Nummer sicher gehen. Ihr Verhalten macht keine Entwicklung durch, weil sie immer wieder auch Gründe dafür finden, warum man sich am besten in Acht nimmt. Damit entsprechen sie leider ganz und gar der Schublade „Angsthase". Das muss aber nicht so bleiben.
>
> So finden wir andererseits Menschen, die eine beachtliche Entwicklung durchgemacht haben. In ihren frühen Jahren viel-

leicht auch sehr ängstlich und vorsichtig, haben sie irgend-
wann erkannt, dass es nötig ist, immer wieder über den eigenen Schatten zu springen. Sie haben z.b. begonnen, Mut zu
entwickeln und sich nicht von ihrer Angst hemmen zu lassen.
Es löst in der Öffentlichkeit oft große Verwunderung aus,
wenn sehr couragierte Mitbürger in Interviews eingestehen,
dass sie eigentlich sehr ängstlich seien. Bloß möchten sie sich
von diesem Gefühl nicht lähmen lassen und handeln gerade
entgegengesetzt. Die Angst in ihrem Inneren ist dabei aber
nicht verschwunden. Ihre Grundstruktur ließ sich also nicht
auslöschen.

DER PROFI ERKENNT BEIDE SEITEN DER MEDAILLE.

Einen Blick für die Professionelle Menschenkenner, die dem Menschen in seiner
Kehrseite der Medaille Gesamtheit gerecht werden wollen, haben immer auch einen
gewinnen Blick für die Kehrseite der Medaille. Sie lassen sich nicht so
leicht bluffen.

So fragt sich der Personalchef, ob der genaue und ordent-
liche Bewerber auch genügend flexibel und spontan ist. Ist die
kommunikationsfreudige Kollegin auch diskret genug? Und
besitzt der humorvolle Mitarbeiter auch genügend Ernsthaf-
tigkeit?

*DAS WERTE- UND ENTWICKLUNGSQUADRAT IST EIN IDEALES
INSTRUMENT FÜR DIE POTENZIALANALYSE.*

Dieser professionelle Blick kann ideal an dem leicht handhab-
baren Werte- und Entwicklungsquadrat geschult werden, das
von Paul Helwig entwickelt und durch den Kommunikations-
psychologen Friedemann Schulz von Thun bekannt wurde.

Jede Eigenschaft hat Es besagt, dass jeder Mensch einen schlummernden Ge-
ihren Gegenpol genpol zu einer guten Eigenschaft in sich trägt. Dieser Gegenpol steht jedoch in einer inneren Spannung zu der guten Eigenschaft. Beides nebeneinander ist nicht ganz leicht zu haben. Es
kostet etwas.

Erst wenn jemand diesen Gegenpol in sich weckt und zu
leben beginnt, entfaltet sich die ganze positive Kraft der guten
Eigenschaft. Andernfalls droht sie sich in ihre entwertende
Übertreibung zu verkehren.

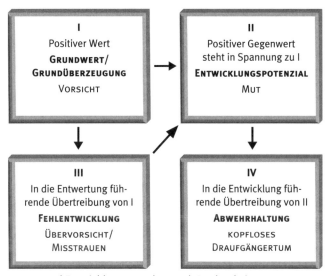

I	II
Positiver Wert **GRUNDWERT/ GRUNDÜBERZEUGUNG** Vorsicht	Positiver Gegenwert steht in Spannung zu I **ENTWICKLUNGSPOTENZIAL** Mut
III	IV
In die Entwertung führende Übertreibung von I **FEHLENTWICKLUNG** ÜBERVORSICHT/ MISSTRAUEN	In die Entwicklung führende Übertreibung von II **ABWEHRHALTUNG** KOPFLOSES DRAUFGÄNGERTUM

Werte- und Entwicklungsquadrat nach Paul Helwig

An unserem Beispiel mit dem sicherheitsorientierten Menschen sei dies nochmals verdeutlicht: Die ihm eigene Vorsicht ist durchaus als Stärke zu schätzen. Vorsichtige Menschen handeln überlegt und arbeiten sehr gründlich und umsichtig, um auf jeden Fall Gefahren zu vermeiden (Quadrat I).

Werden sie im Laufe ihres Lebens aber nicht mutiger und spontaner, dann kippt ihre Stärke um in Übervorsicht und Misstrauen (Quadrat III).

Die Entwicklung des Gegenpols (Quadrat II) darf man sich allerdings nicht so leicht vorstellen. Dies bedeutet immer einen Sprung über den eigenen Schatten.

Ein Wagnis, das nicht selten mit Verweis auf die Gefahren der in Quadrat IV dargestellten Entwicklung unterbunden wird. Der Vorsichtige wagt sich nicht an den Mut heran, weil er diesen als übertrieben betrachtet und davor zurückschreckt. So könnte er seinem Wachstum entsetzt entgegentreten und ausrufen: *„Soll ich mich jetzt etwa blindlings in alle Gefahren stürzen und ganz chaotisch leben?"* Die entwertende Übertreibung des positiven Gegenwerts entpuppt sich oft als Abwehrhaltung oder willkommene Ausrede, um die harte Entwicklungsarbeit gegen innere Widerstände zu meiden.

DER PROFI FÖRDERT DAS ENTWICKLUNGSPOTENZIAL.

Mit dem Instrument des Werte- und Entwicklungsquadrats kann ein Beurteiler zielsicher erkennen, welches Entwicklungspotenzial eines Mitarbeiters vielleicht noch nicht ausreichend gefördert wurde. Dabei ist jedoch besonders zu beachten, dass, je tiefer jemand in das dritte Quadrat gesunken ist, der Weg hin zur Entfaltung des zweiten Quadrats immer steiler wird.

Nun können Sie sich daran machen, unter die Profis der Menschenkenner zu gehen. Das dazu nötige Handwerkszeug liegt bereit: Sie wissen, dass es darum geht, einen Menschen in seinem zentralen Persönlichkeitsprofil zu erkennen. Damit haben sie so etwas wie seinen Kern oder roten Faden entdeckt, um den sich letztlich alles dreht. Sie wissen weiter, dass Sie Ihren Blick für eine differenzierte Sicht offen halten müssen, um den Menschen in seiner Gesamtheit zu sehen.

Einen Menschen in seinem zentralen Persönlichkeitsprofil erkennen

1.5 Die Bedeutung der Selbsterkenntnis

Das passende Handwerkszeug ist eine unverzichtbare Voraussetzung auf dem Weg zu einer professionellen Menschenkenntnis. Es muss jedoch noch etwas hinzukommen, das für jede Könnerschaft gleichermaßen gilt: Neben der Qualität des Instruments ist der Mensch entscheidend, der es verwendet. Das bedeutet in diesem Zusammenhang: Wer sich selbst nicht kennt, wird kaum ein guter Menschenkenner sein. Er versucht bestenfalls andere zu durchschauen oder gar zu manipulieren. Wenn es zu Missverständnissen und Konflikten kommt, sieht er zwar die Versäumnisse des anderen, nicht aber seine eigenen. Das führt unweigerlich zu Fehleinschätzungen. Schließlich bedingen wir uns in unserem Verhalten gegenseitig. Es müssen also immer beide Seiten gesehen werden.

Wer sich selbst nicht kennt, wird kaum ein guter Menschenkenner sein

PROFESSIONELLE MENSCHENKENNTNIS VERLANGT EINE GUTE SELBSTERKENNTNIS.

Wer über wenig Selbsterkenntnis verfügt, hat auch kaum eine Vorstellung, wie schwer es ist, alte und hinderlich gewordene Gewohnheiten wieder aufzugeben. Gut gemeinte Ratschläge zu einer Verhaltensänderung wirken dementsprechend wenig authentisch und haben wenig Chancen auf Akzeptanz. Der Empfänger spürt nämlich, ob hier ein Mensch aus eigener Erfahrung spricht oder bloß ein Besserwisser. Ein gutes Vorbild ist immer noch die beste Motivation zur Veränderung.

Entdecken Sie in diesem Buch also nicht nur die Persönlichkeitsprofile Ihrer Mitmenschen, sondern auch Ihr eigenes. Mit allen Stärken und Schwächen. Machen Sie den roten Faden Ihres Lebens ausfindig und erkennen Sie Ihr Entwicklungspotenzial. Lernen Sie, worauf Sie achten sollten, um nicht immer wieder in dieselben Fallen zu tappen. Sie finden hier wertvolle Tipps, die Sie auf Ihrem Weg begleiten, schulen und fördern können.

2 Differenzierung und Profilcheck

*Viele pochen auf ihren Charakter,
in Wahrheit haben sie aber nur einen Dickkopf.*

aus Westfalen

Gewohnheiten sind die Fingerabdrücke des Charakters.

Alfred Polgar

*Die Fesseln der Gewohnheit sind meist so fein, dass man
sie gar nicht spürt. Doch wenn man sie spürt, sind sie schon
so stark, dass sie sich nicht mehr zerreißen lassen.*

Samuel Johnson

*Persönlichkeiten werden nicht durch schöne Reden geformt,
sondern durch Arbeit und eigene Leistung.*

Albert Einstein

2.1 Hauptorientierung der neun Persönlichkeits- profile

Persönlichkeitsprofile, so haben wir im letzten Kapitel festgestellt, lassen sich über folgende drei zentrale Motive oder Grundbedürfnisse bestimmen:

- Selbstbestimmung
- Anerkennung
- Sicherheit

Drei zentrale Motive oder Grundbedürfnisse

Um einzelne Persönlichkeitsprofile deutlich und trennscharf voneinander unterscheiden zu können, müssen diese drei Grundausrichtungen weiter differenziert werden. Das gelingt am besten, wenn man sich die unterschiedlichen Strategien vergegenwärtigt, mit denen die drei Bedürfnislagen sichergestellt werden können. Schließlich gibt es nicht nur einen Weg, wie man sich z.B. Anerkennung verschaffen kann. Es gibt offene und direkte, aber auch verdeckte und verschlungene Wege, die jedoch nicht minder zielführend sein können.

In der Typologie des Enneagramms, mit der wir seit mehr als zehn Jahren als Trainer in der beruflichen Weiterbildung arbeiten, und die wir hier in komprimierter Form für den Business-Bereich nutzbar machen wollen, werden für die drei zentralen Motive jeweils drei Strategien der Sicherstellung unterschieden. Damit ist für unsere Zwecke sowohl ein hinreichend feiner als auch praktikabler Differenzierungsgrad erreicht.

Drei Strategien zur Sicherstellung der zentralen Grundbedürfnisse

Selbstbestimmung als zentrales Motiv

Es werden drei Hauptorientierungen zur Sicherung der Selbstbestimmung unterschieden, die auf folgende Themen fokussiert sind:

MACHT   Handeln, Kontrolle und die Durchsetzung des eigenen Willens sollen vor dem Verlust der Selbstbestimmung bewahren.

KONSENS   Verständnis, Ausgleich und Verzicht auf Egoismus sollen dasselbe leisten.

PRINZIPIEN   Regeleinhaltung, Fehlervermeidung und Selbstkontrolle sollen dasselbe leisten.

Anerkennung als zentrales Motiv

Auch beim zentralen Motiv der Anerkennung können drei verschiedene Hauptorientierungen unterschieden werden, die auf folgende Themen fokussiert sind:

BEZIEHUNGEN   Geben, Helfen und andere beraten bringen Anerkennung.

WETTBEWERB   Leistung und Erfolg im Wettbewerb sorgen für Anerkennung.

GEFÜHLE   Authentizität und ein unverwechselbarer Stil bringen Anerkennung.

Sicherheit als zentrales Motiv

Gleiches gilt analog für das zentrale Motiv der Sicherheit, deren drei Hauptorientierungen fokussiert sind auf folgende Themen:

GEDANKEN   Beobachten, Denken und Abstand halten geben Sicherheit.

PROBLEME   Probleme, Risiken, Gefahren aufspüren und bewältigen geben Sicherheit.

GENUSS   Optimismus, positives Denken und Wahlmöglichkeiten geben Sicherheit.

2.2 Erster Zugang: Checkliste zu Ihrer Selbsteinschätzung

Im Folgenden finden Sie eine Checkliste zu Ihrer Selbsteinschätzung. Das Ergebnis kann für Sie ein erster Wegweiser sein, um Ihr eigenes Persönlichkeitsprofil ausfindig zu machen. Mit den darin enthaltenen Kurzbeschreibungen sind jeweils die Tiefenstrukturen eines Menschen angesprochen. Also fest eingeprägte Gewohnheiten, deren Kennzeichen es ist, dass wir sie nicht so leicht abstreifen können. Das ist etwas anderes als die Feststellung, dass man über diese oder jene Eigenschaft manchmal auch verfügt. Es steht außer Zweifel, dass wir alle viele Facetten aufweisen. Es macht aber einen fundamentalen Unterschied, ob ich feststelle, dass ich durchaus optimistisch eingestellt bin (das können viele Menschen zu Recht von sich behaupten) oder ob mein Optimismus sich in meinem Leben insgeheim als (Über-)Lebensstrategie herausstellt.

Konzentrieren Sie sich also darauf, was Sie „im Kern" ausmacht und was, im Gegensatz dazu, nur eine weitere und interessante Facette von Ihnen darstellt.

Und keine Sorge: Das führt – wie besprochen – nicht zu einem Schubladendenken.

Identifikation der prägenden Tiefenstrukturen eines Menschen

Was macht Sie im Kern aus?

In der Checkliste finden Sie neun Sichtweisen, wie Menschen sich selbst wahrnehmen. Kurz und prägnant geben wir neun Hauptorientierungen an und beschreiben wesentliche Charaktermerkmale von neun Persönlichkeitsprofilen in maximal 20 Worten.

Neun Sichtweisen, wie Menschen sich selbst wahrnehmen

WELCHE DER AUSSAGEN TREFFEN AUF SIE IN BESONDEREM MASSE ZU?

Notieren Sie in der Spalte hinter jeder Aussage eine der fünf folgenden Selbsteinschätzungen (Selbstbild):

Welches Selbstbild haben Sie von sich?

++   das trifft voll auf mich zu
+   das trifft auf mich auch oft zu
0   dazu habe ich keine besondere Resonanz
–   das entspricht mir weniger
– – das ist mir sehr fremd

UND WAS WÜRDE DER MENSCH, DER SIE AM BESTEN KENNT, WOHL EINTRAGEN?

Versetzen Sie sich einmal in ihn oder sie hinein oder fragen Sie persönlich nach und tragen das Ergebnis in die zweite Spalte (Fremdbild) ein.

Welches Fremdbild haben andere von Ihnen?

Sie können dann, wenn Sie mögen, gleich bei jenen Persönlichkeitsprofilen weiterlesen, die auf Sie am ehesten zutreffen.

	HAUPTORIENTIERUNGEN DER NEUN PERSÖNLICHKEITSPROFILE – DAS WESENTLICHE IN 20 WORTEN	Selbstbild	Fremdbild	Indikator bzw. Profil auf Seite ...
SELBSTBESTIMMUNG	MACHTORIENTIERUNG – WILLENSSTARKE KÄMPFER ... ... sind energiegeladen, durchsetzungsstark und sagen ihre Meinung offen und direkt, auch wenn sie damit anecken.			28/29 48 ff.
	KONSENSORIENTIERUNG – FRIEDVOLLE VERMITTLER ... ... sind ausgleichend, haben Verständnis für die Positionen anderer und lassen die Dinge gern auf sich zukommen.			30/31 60 ff.
	PRINZIPIENORIENTIERUNG – GEWISSENHAFTE PERFEKTIONISTEN ... ... bringen einen hohen Einsatz, um eine Sache immer noch zu verbessern. Auch kleine Fehler und Mängel stören.			32/33 72 ff.

		Selbstbild	Fremdbild	Indikator bzw. Profil auf Seite ...
Anerkennung	**Beziehungsorientierung – Wohlmeinende Helfer ...** ... haben ein gutes Gespür für die Sorgen und Nöte anderer und unterstützen gern mit Rat und Tat.			34/35 84 ff.
	Wettbewerbsorientierung – Dynamische Erfolgsmenschen ... ... sind zielorientiert, voller Schwung und bringen eine hohe Leistung, um aus dem Wettbewerb als Sieger hervorzugehen.			36/37 96 ff.
	Gefühlsorientierung – Anspruchsvolle Ästheten ... ... sind sensibel, loten die Extreme des Gefühlslebens aus und haben ein ausgeprägtes Empfinden für Stil und Ästhetik.			38/39 109 ff.
Sicherheit	**Gedankenorientierung – Stille Beobachter ...** ... betrachten die Welt und andere Menschen lieber aus der Distanz, analysieren und philosophieren über Grundsätzliches.			40/41 121 ff.
	Problemorientierung – Loyale Skeptiker ... ... entdecken schnell mögliche Risiken und Gefahren und sind stets vorausschauend darum besorgt, dass nichts schief geht.			42/43 133 ff.
	Genussorientierung – Lebensfrohe Optimisten ... ... verbreiten gute Laune, freuen sich an den schönen Dingen des Lebens und halten sich viele Möglichkeiten offen.			44/45 145 ff.

Hinweise zur Auswertung:

Ergeben Selbst- und Fremdbild ein Doppelplus, dann ist die Wahrscheinlichkeit sehr hoch, dass Sie Ihr Persönlichkeitsprofil gefunden haben. Gibt es diese Bewertung mehrfach, ist eine Detailprüfung erforderlich.

Ergeben Selbst- und Fremdbild eine Negativbewertung, dann können Sie diese Persönlichkeitsprofile guten Gewissens ausschließen.

Sind Selbst- und Fremdbild positiv bis neutral, dann sollten Sie dieses Persönlichkeitsprofil zumindest im Auge behalten und eingehender prüfen.

Ergibt das Selbstbild Zustimmung, das Fremdbild aber Ablehnung, dann kommt in ihrer Bewertung vielleicht mehr ein

Wunsch zum Ausdruck, wie Sie gern sein möchten oder was Ihnen gut täte.

Ergibt das Selbstbild Ablehnung, das Fremdbild aber Zustimmung, dann ist es möglich, dass hier Ihr „blinder Fleck" berührt wurde. Prüfen Sie die Fremdeinschätzung gründlich, bevor Sie sie verwerfen.

2.3 Der Profilindikator

Nach dieser ersten groben Übersicht wollen wir nun die Persönlichkeitsprofile weiter differenzieren.

Im nachfolgenden Profilindikator sind verschiedene Aspekte im Berufskontext berücksichtigt: Motto im Arbeitsleben, Werte und Überzeugungen, Ansprüche an sich selbst und an andere, innere Glaubenssätze und Instanzen des Gewissens, Aufmerksamkeitsfokus, Abwehrreaktionen und Grundeinstellungen zur Arbeit.

Zu jedem der neun Persönlichkeitsprofile finden Sie zwei Tabellen. Die erste gibt die Stärken bzw. das positive Selbstbild wieder, die zweite die Schwächen bzw. die negative Seite, die andere an uns noch viel deutlicher wahrnehmen können als wir selbst. Die Aussagen in den jeweiligen Tabellenzeilen korrespondieren miteinander. Sie bilden quasi die Vorder- und Rückseite ein und derselben Medaille.

Positive und negative Seiten des Persönlichkeitsprofils

Sie können nun bei allen Profilen einerseits eine Selbsteinschätzung abgeben und andererseits eine Einschätzung durch eine Ihnen nahe stehende Person einholen. Manche Menschen können sich auch so gut in diese Person hineinversetzen, dass sie diesen Part auch gleich selbst übernehmen können. Aber eine Überprüfung lohnt sich dennoch. Manchmal gibt es da Überraschungen.

Geben Sie wie in der Tabelle der Hauptorientierungen an, in wieweit die einzelnen Aussagen auf Sie

++   voll zutreffen,
+   bedingt zutreffen,
o   keine besondere Resonanz erzeugen,
–   Ihnen weniger entsprechen,
– –   oder Ihnen sehr fremd sind.

Im Anschluss an die Vorstellung der Profile finden Sie wieder Hinweise zur Auswertung.

MACHTORIENTIERUNG: Von willensstarken Kämpfern ...

WIE SICH KÄMPFER SELBST SEHEN	Selbsteinschätzung				
	++	+	o	-	--
Leben Sie nach dem Motto: „Let's do it my way"?					
Haben Sie das Gefühl, nur wenn Sie stark sind, respektiert zu werden?					
Sind Offenheit und Gerechtigkeit hohe Werte für Sie?					
Gehören Sie zu jenen, die lieber fressen als gefressen werden?					
Halten Sie sich für stark, fair und lassen sich nicht klein-kriegen?					
Wissen Sie meist ziemlich schnell, wie der Hase läuft und fackeln dann nicht lange?					
Schätzen Sie Menschen, die ihre Meinung sagen und dazu stehen?					
Halten Sie es mit der Devise: Entweder Freund oder Feind?					
Bemerken Sie sehr schnell die Schwächen anderer Menschen?					
Wissen Sie, was Sie wollen und nehmen es sich, wenn Sie es kriegen können?					
Versuchen Sie zu kontrollieren, bevor die Dinge Ihrem Einfluss entgleiten könnten?					
Haben Sie gern das Sagen und sind am liebsten selbst der Boss?					
Summe der Pluszeichen					

... und machthungrigen Tyrannen

WO ANDERE BEI KÄMPFERN ENTWICKLUNGSBEDARF SEHEN Füllen Sie dies am besten gemeinsam mit einem Menschen aus, der Sie sehr gut kennt.	Fremdeinschätzung				
	++	+	o	-	--
Kämpfer überschreiten bei anderen oft Grenzen, ohne es zu merken.					
Andere halten sie für unsensibel und autoritär.					
Auf andere wirken sie aggressiv und selbstgerecht.					
Sie scheinen Menschen zu verachten, die es nicht mit ihnen aufnehmen können.					
Sie sollten lernen, eigene Fehler und Schwächen zuzugeben.					
Sie wollen immer das letzte Wort haben und gehen oft mit dem Kopf durch die Wand.					
Sie provozieren unnötige Konfrontationen und treiben andere in die Enge.					
Sie sind vorschnell in ihrem Urteil und sollten ihr Schwarz-Weiß-Denken relativieren.					
Sie kennen keine Gnade mit „Feinden" und nutzen ihre Schwächen eiskalt aus.					
Sie sollten sich mehr für die Meinungen und die Bedürfnisse anderer interessieren.					
Sie sollten mehr Vertrauen in andere setzen.					
Sie sollten mehr den Rat von anderen suchen und annehmen.					
Summe der Pluszeichen					

KONSENSORIENTIERUNG: Von friedvollen Vermittlern ...

WIE SICH VERMITTLER SELBST SEHEN	Selbsteinschätzung				
	++	+	o	-	--
Leben Sie nach dem Motto: *„Nichts wird so heiß gegessen, wie es gekocht wird"?*					
Sind Ihnen Harmonie, Frieden und Toleranz sehr wichtig?					
Bauen Sie gern Brücken, wenn andere sich nicht einig sind?					
Ist es Ihnen wichtig, dass alle gehört werden und zu ihrem Recht kommen?					
Gehören Geduld, die Fähigkeit zuzuhören und Hilfsbereitschaft zu Ihren Gaben?					
Schätzen Sie es, auf das große Ganze zu schauen und diplomatisch vorzugehen?					
Wünschen Sie sich vor allem, dass man Sie wahrnimmt und Ihre Grenzen achtet?					
Haben Sie Ausdauer und einen langen Atem, wenn Sie von etwas überzeugt sind?					
Haben Sie oft den Eindruck, dass andere mehr wissen, können und leisten als Sie?					
Sind Sie ein Gewohnheitsmensch, der keine übereilten Aktionen mag?					
Neigen Sie dazu, Entscheidungen aufzuschieben, wenn Ihnen alles zu viel wird?					
Sind Sie fleißig, teamfähig und sich auch für Routinearbeiten nicht zu schade?					
Summe der Pluszeichen					

... und angepassten Mitläufern

WO ANDERE BEI VERMITTLERN ENTWICKLUNGSBEDARF SEHEN Füllen Sie dies am besten gemeinsam mit einem Menschen aus, der Sie sehr gut kennt.	Fremdeinschätzung				
	++	+	o	-	--
Vermittler wirken auf andere oft abwartend, schwerfällig und unentschieden.					
Sie sind harmoniesüchtig, stecken zu oft zurück und gehen faule Kompromisse ein.					
Sie haben zu vielen Dingen selbst keine (klare) Meinung.					
Sie haben für (fast) alles und jeden Verständnis und zögern Entscheidungen hinaus.					
Sie können schlecht „Nein" sagen, verzetteln sich leicht und lassen sich ausnutzen.					
Sie warten oft zu lange, bevor sie handeln und drücken sich unklar aus.					
Sie setzen keine klaren Grenzen und wehren sich nicht oder zu spät gegen Übergriffe.					
Ihnen fehlt es an Entschlusskraft und Durchsetzungsvermögen.					
Sie sollten ihr Licht nicht so unter den Scheffel stellen und etwas für ihr Selbstwertgefühl tun.					
Sie werden bockig und stur, wenn Druck auf sie ausgeübt wird.					
Sie sollten mehr an sich denken, konsequenter entscheiden und Prioritäten setzen.					
Sie dürften mehr auffallen, ihre Meinung sagen und ihre Talente entfalten.					
Summe der Pluszeichen					

PRINZIPIENORIENTIERUNG: Von gewissenhaften Perfektionisten ...

WIE SICH PERFEKTIONISTEN SELBST SEHEN	Selbsteinschätzung				
	++	+	o	-	--
Lautet Ihr Motto: „*Erst die Arbeit, dann (vielleicht) das Vergnügen*"?					
Ist es Ihnen wichtig, immer richtig und vorbildlich zu handeln?					
Fühlen Sie sich von innen heraus verpflichtet, ordentlich und korrekt zu sein?					
Legen Sie großen Wert auf Sachlichkeit, Qualität und Zuverlässigkeit?					
Haben Sie sehr hohe Ansprüche an sich selbst?					
Bleiben Sie „am Ball" bis die Dinge zu Ihrer vollen Zufriedenheit erledigt sind?					
Ermuntern Sie auch andere dazu, an sich zu arbeiten und Mängel zu beheben?					
Ringen Sie oft mit Ihrem inneren Kritiker um die richtige Entscheidung?					
Suchen Sie immer nach dem idealen Weg zu einer vollkommenen Lösung?					
Versuchen Sie, Ihren Ärger und Zorn zu kontrollieren?					
Reichen oft schon kleine Fehler und Mängel, um Ihnen den Spaß zu verderben?					
Lieben Sie eigenständiges Arbeiten mit klarem Pflichtenheft?					
Summe der Pluszeichen					

... und notorischen Besserwissern

WO ANDERE BEI PERFEKTIONISTEN ENTWICKLUNGSBEDARF SEHEN Füllen Sie dies am besten gemeinsam mit einem Menschen aus, der Sie sehr gut kennt.	Fremdeinschätzung				
	++	+	o	-	--
Perfektionisten tun sich schwer, abzuschalten, zu entspannen und zu genießen.					
Sie neigen zu dogmatischem Handeln, sind inflexibel und übersehen Alternativen.					
Sie wirken steif, angestrengt und belehrend.					
An ihnen werden Fehlertoleranz und Spontaneität vermisst.					
Sie nehmen vieles im Leben übertrieben ernst.					
Sie neigen dazu, sich zu verzetteln und in Details zu verlieren.					
Sie nehmen Kritik an ihrer Person und ihrem Handeln besonders schwer.					
Andere fühlen sich oft schon durch ihren kritischen oder musternden Blick kritisiert.					
Viele Wege führen nach Rom – nicht der eine (schnurgerade), den sie im Blick haben.					
Sie sollten ihren Unmut gleich kundtun, bevor daraus eine Überreaktion entsteht.					
Sie sollten öfter lachen (vor allem über sich selbst) – Humor macht sympathischer.					
Sie sollten souveräner auf Kontrolle reagieren und sagen, was sie brauchen.					
Summe der Pluszeichen					

BEZIEHUNGSORIENTIERUNG: Von wohl meinenden Helfern ...

WIE SICH HELFER SELBST SEHEN	Selbsteinschätzung				
	++	+	o	-	--
Folgen Sie dem Motto: „Der Welt kann geholfen werden?"					
Sind Hilfsbereitschaft und Mitgefühl für Sie eine Selbstverständlichkeit?					
Ist es Ihnen wichtig, dass Menschen sich bei Ihnen wohl fühlen?					
Verfügen Sie über einen sechsten Sinn für die Nöte und Probleme anderer?					
Stehen Sie denjenigen, die Sie mögen, stets mit Rat und Tat zur Seite?					
Sind Sie flexibel und für eine gute Sache jederzeit zu vollem Einsatz bereit?					
Halten Sie sich für einen Beziehungsmenschen, der ein harmonisches Umfeld braucht?					
Haben Sie ein großes Herz und vertrauen meist auf Ihre Intuition?					
Spüren Sie, was jemand braucht und geben ihm dies, wenn Sie können?					
Ist es ein gutes Gefühl, jemandem in einer schwierigen Situation geholfen zu haben?					
Verletzt es Sie sehr, wenn andere das, was Sie für sie tun, nicht würdigen?					
Spielen Sie gern die zweite Geige und halten Ihrem Chef den Rücken frei?					
Summe der Pluszeichen					

... und schmeichelnden Manipulatoren

WO ANDERE BEI HELFERN ENTWICKLUNGSBEDARF SEHEN Füllen Sie dies am besten gemeinsam mit einem Menschen aus, der Sie sehr gut kennt.	Fremdeinschätzung				
	++	+	o	-	--
Helfer, die sich in ihrer Rolle gefallen, wirken auf andere stolz und aufdringlich.					
Sie mischen sich ungefragt in das Leben anderer ein.					
Sie schmeicheln und sind davon abhängig, ob man sie mag oder nicht.					
Es täte ihnen gut, ihre eigene Bedürftigkeit zu erkennen.					
Sie tun sich schwer, Hilfe und Rat anzunehmen und um Hilfe zu bitten.					
Sie nehmen nur von wenigen Menschen Rat an und neigen dazu sich auszupowern.					
Sie weichen Konflikten und notwendigen Auseinandersetzungen aus.					
Ihre Entscheidungen sind stark gefühlsbegründet, Logik und Verstand kommen zu kurz.					
Sie ändern sich ständig, um den Bedürfnissen jener zu entsprechen, denen sie gefallen wollen.					
Sie neigen dazu, andere zu manipulieren und von ihrer Hilfe abhängig zu machen.					
Unter Druck werden sie laut und werfen anderen vor, sie seien undankbar.					
Sie gefallen sich zu sehr in ihrer Rolle als rechte Hand oder graue Eminenz.					
Summe der Pluszeichen					

WETTBEWERBSOREINTIERUNG: Von dynamischen Erfolgsmenschen ...

WIE SICH ERFOLGSMENSCHEN SELBST SEHEN	Selbsteinschätzung				
	++	+	o	-	--
Lautet Ihr Motto: *„Nur die Besten werden im Leben belohnt"?*					
Sind Ihnen sichtbarer Erfolg und Anerkennung sehr wichtig?					
Arbeiten Sie gern und sind stolz, wenn Sie eine Spitzenleistung erbracht haben?					
Achten Sie auf eine gepflegte Erscheinung und ein gutes Image?					
Halten Sie sich für kompetent, zielorientiert und sind zu vollem Einsatz bereit?					
Haben Sie eine schnelle Auffassungsgabe für Erfolg versprechende Projekte?					
Können Sie gut motivieren und das Beste aus Ihren Mitarbeitern herausholen?					
Schöpfen Sie alle zur Verfügung stehenden Mittel aus, um ans Ziel zu gelangen?					
Halten Sie sich für ein Verkaufstalent und spüren, was bei anderen gut ankommt?					
Wissen Sie, was Sie können und bemühen sich, der/die Beste zu sein?					
Wenn etwas mal nicht funktioniert, haben Sie dann gleich Plan B zur Hand?					
Arbeiten Sie effizient und effektiv und können in einer Aufgabe voll aufgehen?					
Summe der Pluszeichen					

... und blendenden Verkäufern

WO ANDERE BEI ERFOLGSMENSCHEN ENTWICKLUNGSBEDARF SEHEN Füllen Sie dies am besten gemeinsam mit einem Menschen aus, der Sie sehr gut kennt.	Fremdeinschätzung				
	++	+	o	-	--
Erfolgsmenschen bewundern sich selbst und scheinen oft mehr als sie sind.					
Sie merken nicht, wie sehr sie vom Applaus anderer abhängig sind.					
Sie tragen ein bisschen zu dick auf, wenn es um sie selbst und ihre Arbeit geht.					
Äußerlichkeiten scheinen ihnen wichtiger zu sein als innere Werte.					
Ihnen fehlt es an Gründlichkeit und Rücksichtnahme auf andere.					
Sie überfordern andere mit ihrem Tempo und haben Tendenzen zum Workaholic.					
Sie checken andere im Hinblick auf ihren Nutzen und instrumentalisieren sie für ihre Zwecke.					
Mehr Ehrlichkeit und Wahrhaftigkeit würden sie vertrauenswürdiger machen.					
Sie verhalten sich wie ein Opportunist, der sein Fähnlein in den Wind hängt.					
Sie blenden ihre Unzulänglichkeiten aus und neigen zu Täuschungsmanövern.					
Nur wer zu Niederlagen und Nichtkönnen stehen kann, hat das Zeug zum Sieger.					
Auf der Überholspur verpasst man leicht die wesentlichen Dinge des Lebens.					
Summe der Pluszeichen					

GEFÜHLSORIENTIERUNG: Von anspruchsvollen Ästheten ...

WIE SICH ÄSTHETEN SELBST SEHEN	Selbsteinschätzung				
	++	+	o	-	--
Sind Sie dem Motto treu: *„Bloß nicht so sein wie die anderen"*?					
Befällt Sie oft eine starke Sehnsucht und das Gefühl eines essenziellen Verlusts?					
Stellen Sie sich häufig die Frage, wer Sie wirklich sind?					
Haben Sie einen ausgeprägten Sinn für Ästhetik und pflegen Ihren individuellen Stil?					
Sind Sie anspruchsvoll und brauchen viel Freiheit für Ihre persönliche Entfaltung?					
Verlieren Sie leicht den Sinn für Raum und Zeit, wenn Sie kreativ tätig sind?					
Sind Ihnen Echtheit und ehrlicher Gefühlsausdruck sehr wichtig?					
Verlassen Sie sich oft auf Ihr Gefühl und handeln aus der Intuition heraus?					
Erscheint Ihnen das Glück oft in unerreichbarer Ferne zu sein?					
Wundern Sie sich darüber, dass sich andere mit banalen Dingen zufrieden geben?					
Fällt es Ihnen oft schwer, Ihre Gefühle in adäquate Worte zu fassen?					
Wollen Sie sich in dem, was Sie tun, auch emotional ausdrücken?					
Summe der Pluszeichen					

... und selbstverliebten Melancholikern

WO ANDERE BEI ÄSTHETEN ENTWICKLUNGSBEDARF SEHEN Füllen Sie dies am besten gemeinsam mit einem Menschen aus, der Sie sehr gut kennt.	Fremdeinschätzung				
	++	+	o	-	--
Ästheten sind unberechenbar und die Intensität ihrer Gefühle macht anderen Angst.					
Sie wirken oft abwesend und in Gedanken verloren.					
Sie fühlen sich unverstanden und beziehen zu viele Dinge auf sich selbst.					
Sie haben wenig Achtung vor gewöhnlichen Dingen, Alltag und Regeln.					
Sie tun sich schwer, sich unterzuordnen und eine/r von vielen zu sein.					
Sie vergessen Dinge, wirken unzuverlässig und realitätsfern.					
Sie verschließen sich rationalen Argumenten und Kritik und reagieren unsachlich.					
Ihnen fehlt in vielen Situationen ein kühler und klar denkender Kopf.					
Sie wirken unzufrieden und sollten daran arbeiten, im Alltag präsenter zu sein.					
Sie beneiden andere und machen sich selbst zum Außenseiter.					
Ihre bild- und symbolhafte Sprache ist für andere oft unverständlich.					
Es irritiert, dass jemand, der so selbstbewusst wirkt, eine Sonderbehandlung braucht.					
Summe der Pluszeichen					

GEDANKENORIENTIERUNG: Von stillen Beobachtern ...

WIE SICH BEOBACHTER SELBST SEHEN	Selbsteinschätzung				
	++	+	o	-	--
Leben Sie nach der Devise: „My home is my castle"?					
Sind Sie gern allein und wollen nach Ihrem eigenen Rhythmus leben?					
Sind Sie stolz darauf, dass Sie mit weniger auskommen als die meisten anderen?					
Haben Wissen, Wissenschaft und abstrakte Systeme eine große Anziehungskraft auf Sie?					
Fällt es Ihnen leicht, objektiv zu bleiben und sich nicht in Dinge hineinziehen zu lassen?					
Handeln Sie überlegt und behalten auch in kritischen Situationen einen kühlen Kopf?					
Hassen Sie es, wenn andere Ihren Raum und Ihre Zeit übermäßig beanspruchen?					
Verlassen Sie sich eher auf Ihren Verstand als auf Ihre Gefühle?					
Haben Sie das Gefühl, mit Ihrer Energie sparsam umgehen zu müssen?					
Ist es Ihnen wichtig vorzusorgen, um nicht von anderen abhängig zu werden?					
Ziehen Sie sich gern zurück, wenn Ihnen alles zu viel wird?					
Arbeiten Sie am liebsten eigenständig und ohne Störungen von außen?					
Summe der Pluszeichen					

... und entrückten Asketen

WO ANDERE BEI BEOBACHTERN ENTWICKLUNGSBEDARF SEHEN Füllen Sie dies am besten gemeinsam mit einem Menschen aus, der Sie sehr gut kennt.	Fremdeinschätzung				
	++	+	o	-	--
Sie wirken auf andere distanziert und abweisend.					
Sie sollten mehr von sich erzählen, dann fällt es leichter, sie zu verstehen.					
Auf andere wirken sie asketisch, geizig und habsüchtig.					
Emotionalen Situationen sind sie oft nicht gewachsen.					
Sie treten den Rückzug an, wo sie sich stellen müssten und meiden Parteinahme.					
Sie benötigen zu viel Zeit, bevor sie handeln und blockieren damit auch andere.					
Sie wirken arrogant und sind nur eingeschränkt teamfähig.					
Sie leben zu sehr in der Welt der Gedanken und vernachlässigen ihr Gefühlsleben.					
Man hält sie für jemanden, der sich vor Arbeit und Verantwortung drückt.					
Sie horten wie ein Eichhörnchen und müssen sich überwinden zu teilen.					
Sie sollten mehr Flagge zeigen und auf andere zugehen.					
Sie sollten Teamgeist entwickeln und großzügiger mit ihrem Wissen umgehen.					
Summe der Pluszeichen					

PROBLEMORIENTIERUNG: Von loyalen Skeptikern ...

WIE SICH SKEPTIKER SELBST SEHEN	Selbsteinschätzung				
	++	+	o	-	--
Könnte Ihr Motto lauten: *„Fürchtet euch doch!"*?					
Sind Sie bemüht, den Dingen auf den Grund zu gehen?					
Sind Sie immer um Schadensabwehr und Risikominimierung bemüht?					
Brauchen Sie viel Sicherheit und verfügen über ein feines Gespür für Widersprüche?					
Halten Sie sich für verantwortungsbewusst, treu und redlich?					
Sind Sie ein gründlicher Mensch, der alle Argumente sorgsam abwägt?					
Mögen Sie es gar nicht, wenn Dinge vor Ihnen zurückgehalten werden?					
Sind Sie ein guter Analytiker, dessen erster Impuls sich meistens als richtig erweist?					
Machen Sie sich viele Sorgen darum, dass etwas schief gehen könnte?					
Sind Sie immer bemüht, vorausschauend zu handeln und Gefahren vorzubeugen?					
Haben Sie oft das Gefühl, dass etwas faul ist an einer Sache?					
Laufen Sie zu Hochform auf, wenn es Schwierigkeiten zu meistern gilt?					
Summe der Pluszeichen					

... und unheilverkündenden Pessimisten

WO ANDERE BEI SKEPTIKERN ENTWICKLUNGSBEDARF SEHEN Füllen Sie dies am besten gemeinsam mit einem Menschen aus, der Sie sehr gut kennt.	Fremdeinschätzung				
	++	+	o	-	--
Skeptiker sind Bedenkenträger, die immer etwas einzuwenden haben.					
Sie entwickeln oft eine lästige Penetranz und tun sich schwer damit, anderen wirklich zu glauben.					
Sie verderben anderen mit ihren Unkenrufen ziemlich häufig den Spaß am Leben.					
Sie wirken ambivalent, unberechenbar und gehen manchen auf die Nerven.					
Sie vertrauen nie so ganz und schwanken zwischen Anpassung und Rebellion.					
Sie zögern oft zu lange und geraten dann in Blockaden oder handeln überstürzt.					
Sie halten das, was sie selbst bewegt und was sie wirklich denken, zu sehr zurück.					
Sie bilden sich Gefahren oft ein und projizieren eigene Ängste auf andere.					
Sie lassen sich auch unbegründete Sorgen nicht ausreden.					
Sie sollten Vorschussvertrauen entwickeln und anderen eine zweite Chance geben.					
Sie sind oft eine Nervensäge und schwer vom Gegenteil zu überzeugen.					
Wenn die Dinge (zu) gut laufen, wirken sie gestresst.					
Summe der Pluszeichen					

GENUSSORIENTIERUNG: Von lebensfrohen Optimisten ...

WIE SICH OPTIMISTEN SELBST SEHEN	Selbsteinschätzung				
	++	+	o	-	--
Leben Sie nach der Devise: „*Alle Dinge im Leben haben auch ihr Gutes*"?					
Sind Sie eine Frohnatur, spontan und begeisterungsfähig?					
Ist Ihre Freiheit Ihnen sehr wichtig?					
Sind Sie ein Mensch mit Visionen und Idealen, der es liebt, Pläne zu schmieden?					
Sind Sie vielseitig, kreativ und mögen es, sinnvolle Dinge miteinander zu vernetzen?					
Lieben Sie es, gute Ideen und Projekte ans Laufen zu bringen?					
Fühlen Sie sich dann besonders wohl, wenn andere Ihnen auf „gleicher Augenhöhe" begegnen?					
Gibt es aus Ihrer Sicht für praktisch jedes Problem eine Lösung?					
Bietet das Leben viele spannende Möglichkeiten, die zu verpassen es schade wäre?					
Halten Sie sich für einen Genießer? Erfüllen Sie sich gern selbst Ihre Wünsche?					
Wenn etwas langweilig wird, wenden Sie sich dann lieber Interessanterem zu?					
Sind Sie mit vollem Einsatz bei der Sache, solange diese Spaß macht?					
Summe der Pluszeichen					

... und oberflächlichen Schönfärbern

WO ANDERE BEI OPTIMISTEN ENTWICKLUNGSBEDARF SEHEN Füllen Sie dies am besten gemeinsam mit einem Menschen aus, der Sie sehr gut kennt.	Fremdeinschätzung				
	++	+	o	-	--
Optimisten weichen den unangenehmen Dingen des Lebens gern aus.					
Sie sollten ihr Gespür dafür schärfen, wann ihre gute Laune fehl am Platze ist.					
Sie lassen sich von anderen wenig sagen und sind um Ausreden nicht verlegen.					
Manchmal verlieren sie den Boden unter den Füßen und bauen Luftschlösser.					
Sie handeln vorschnell und lassen Gründlichkeit vermissen.					
Sie sollten an ihrem Durchhaltevermögen arbeiten und Angefangenes zu Ende bringen.					
Sie sollten akzeptieren, dass Autoritäten und Hierarchien im Berufsleben notwendig sind.					
Sie tun sich schwer, eigene Schuld einzugestehen und Kritik anzunehmen.					
Sie sollten lernen, zu verzichten und sich auf das Wesentliche zu beschränken.					
Sie wirken maßlos und zu sehr auf die eigene Wunscherfüllung bedacht.					
Andere halten sie für sprunghaft und oberflächlich.					
Sie drücken sich vor Routine und langweiligen Arbeiten zulasten anderer.					
Summe der Pluszeichen					

Hinweise zur Auswertung

Addieren Sie zunächst die Pluszeichen auf jeder Seite. Maximal sind 24 Pluszeichen zu erreichen, wenn Sie überall „voll zutreffend" angeben können. Eine Gegenrechnung von negativen Bewertungen erfolgt nicht.

Schauen Sie nun, bei welchem Persönlichkeitsprofil die Summe der Pluszeichen am höchsten ist und wie hoch der Abstand zum nächsten ist. Vielleicht gibt es einen eindeutigen „Favoriten", vielleicht können Sie die Auswahl auf zwei oder drei einschränken, vielleicht auch nur einige ausschließen.

Beachten Sie bitte noch einmal, dass dieser Indikator eine doppelte Funktion erfüllen soll: Er soll primär zur Selbsterkenntnis einladen, nach dem Motto „keine Menschenkenntnis ohne Selbsterkenntnis". Er soll aber auch das dahinter stehende Ziel erreichen, Ihre Menschenkenntnis zu schulen, in dem Sie sich mit den mustertypischen Stärken und Schwächen aller Persönlichkeitsprofile vertraut machen.

Sie können die hier formulierten Fragen auch in Mitarbeitergesprächen einsetzen, um Ihre Hypothesen über das Persönlichkeitsprofil Ihres Gegenübers zu überprüfen.

Besonders spannend wird es für jene, bei denen die höchste Zustimmung in Selbst- und Fremdbild bei verschiedenen Profilen auftreten. Hier mögen die nachfolgenden Kapitel vielleicht Klärung bringen.

Sie können, wenn Sie mögen, Ihre Lektüre gleich bei den für Sie besonders interessanten Profilen fortsetzen.

3 DIE NEUN PERSÖNLICHKEITSPROFILE

Menschsein heißt, immer auch anders zu können.

Viktor E. Frankl

*Es ist davon auszugehen, dass wir als Menschen
nicht mehr als 40 Grad von den insgesamt verfügbaren
360 Grad der Wirklichkeit bevorzugt wahrnehmen.*

Helen Palmer

Eine Katze sagte zu einem Eichhörnchen:
*„Wie wunderbar es doch ist, dass du so unfehlbar
die vergrabenen Nüsse ausfindig machen kannst
und dich damit den Winter hindurch ernährst!"*
Das Eichhörnchen entgegnete:
*„Für ein Eichhörnchen wäre ein Eichhörnchen
bemerkenswert, das so etwas nicht könnte."*

Idries Shah

*Ich bin nämlich eigentlich ganz anders,
aber ich komme nur so selten dazu.*

Ödön von Horváth

3.1 Machtorientierung – Willensstarke Kämpfer

AUF EINEN BLICK

- stark
- offen
- direkt
- energiegeladen
- entscheidungsfreudig

- durchsetzungsfähig
- souverän
- führungsstark
- zupackend
- risikofreudig

Bei mir kann jeder machen, was ich will.
Unbekannt

*Ich mag keine Jasager um mich herum. Ich will, dass jeder mir
die Wahrheit sagt, auch wenn es ihn seinen Job kostet.*
Samuel Goldwyn

Aus der Sicht des Hammers besteht die Welt nur aus Nägeln.
Ludger Vollmer

Bei Licht besehen ist auch ein Leithammel nur ein Schaf.
Ernst Hohenemser

*Wenn ich meinen Freund nicht in den Arsch treten darf,
ist er nicht mein Freund.*
Heinz Hoenig

Wer kämpft, kann verlieren.
Wer nicht kämpft, hat schon verloren.
Bertolt Brecht

Lieber im Stehen sterben, als auf Knien überleben.
Jacques Santer

Wer nicht kämpft, ist tot.
Arthur Miller

3.1.1 Businessprofil von Kämpfern

GRUNDSTIL UND BERUFLICHE ENTWICKLUNG:

> Felix Rottmann, 36, ist seit acht Jahren Inhaber eines privaten Sicherheitsdienstes, der auf Großveranstaltungen wie Messen, Volksfeste und Open-Air-Konzerte spezialisiert ist. Das Gymnasium verließ er zu Beginn der zwölften Klasse aufgrund massiver Autoritätskonflikte in Schule und Elternhaus. *„Ich war ein richtiges Ekelpaket – laut, grob und ziemlich fies"*, sagt er heute rückblickend über sich, *„immer mit dem Kopf durch die Wand, auch wenn es schmerzhafte Beulen und Schrammen gab."* In seiner sechsjährigen Zeit als Berufssoldat bei der Luftwaffe *(„Da habe ich lernen müssen, was es heißt, sich zu fügen")* holte er das Fachabitur nach, denn er wollte anschließend Maschinenbau studieren. Er entschied sich nach seinem Ausscheiden jedoch zusammen mit seiner Frau dafür, ein eigenes Unternehmen aufzubauen, in das er seine Abfindung und sie ihre gerade gemachte Erbschaft steckten. Gemeinsam haben sie zehnjährige Zwillinge. *„Melanie gerät voll nach mir, aber Philipp, der ja nachweislich auch von mir ist, ist mir ein völliges Rätsel: introvertiert, zwei linke Hände und total vergeistigt. Und das Beste – die zwei verstehen sich prima, sind ein Herz und eine Seele, echt Wahnsinn!"*

Felix Rottmann ist ein typischer Vertreter des Persönlichkeitsprofils des Kämpfers: offen, direkt und robust. Solche Menschen scheinen Energie für zwei zu haben – und diese Energie muss abgebrannt werden, sonst würden sie platzen. Markige Sprüche in Verbindung mit einer rauen Schale sind typisch für sie. Sie verfügen über ein hohes Maß an Durchsetzungsvermögen und sagen ihre Meinung, auch wenn sie keinem gefällt oder sie keiner hören will. *„Let's do it my way!"* lautet ihre Devise und sie preschen nach vorn. Sie sind robuste Naturen, die gut austeilen, aber auch einiges einstecken können.

Kämpfer sind offen, direkt und robust

FÜHRUNGSSTIL:

> Herr Rottmann ist Chef von sechzig Mitarbeiterinnen und Mitarbeitern, die überregional im Einsatz sind. *„Ich habe meinen Laden im Griff"*, sagt Herr Rottmann stolz, *„ich bin offen und*

> *direkt, fordere viel von meinen Leuten und lege Wert auf eine gerechte Behandlung. Wem ich etwas zutraue, dem gebe ich so viel Freiraum wie möglich." „Er ist ein guter Chef – hart, aber fair",* sagt sein Stellvertreter über ihn. *„Er stellt sich vor seine Leute, wenn wir mal wieder Prügel beziehen, denn wenn etwas passiert, ist immer der Sicherheitsdienst schuld. Aber wehe dem, der was ausgefressen hat und nicht zur Beichte erscheint, bevor es rauskommt. Demjenigen ist nicht mehr zu helfen, da kennt der Chef kein Pardon." „Ich würde niemandem empfehlen, sich mich als Feind auszusuchen",* sagt Herr Rottmann und grinst süffisant.

Macht, Einfluss und Kontrolle sind wichtige Motivatoren

Kämpfer sind der Prototyp des Bosses. Macht, Einfluss und Kontrolle sind für sie wichtige Motivatoren. Sie neigen zu einem direktiven oder auch autoritären Führungsstil. Sie haben das Sagen und verfügen über ein hohes Maß an natürlicher Autorität. Andere merken instinktiv, dass es gefährlich ist, sich mit ihnen anzulegen. Widerspruch empfiehlt sich nur, wenn man entweder unschlagbare Argumente hat, extrem gut einstecken kann oder zu jenen gehört, die beim Boss einen Stein im Brett haben.

Kämpfer mögen Auseinandersetzungen. Sie verfahren nach dem Motto: *„Bei Reibung entsteht Wärme!"* Langweilig wird es hier nie. Offenheit, Ehrlichkeit und Fairness stehen bei ihnen hoch im Kurs. Sie brauchen Herausforderungen, um mit ihrem Kraftpotenzial in Kontakt zu kommen. Sie versuchen, andere zu durchschauen. Kämpfer bluffen zu wollen, ist eine riskante Angelegenheit. Introvertierte Menschen empfinden die ruppige Art, in der Kämpfer gern ihr Kontaktinteresse bekunden, oft schon als Verletzung oder Übergriff. Gibt es Vorwürfe, schüttelt der Kämpfer den Kopf ob so viel Mimosenhaftigkeit.

ENTSCHEIDUNGEN:

> *„Entscheidungen treffe ich oft aus dem Bauch heraus. Man hat schließlich auch nicht immer Zeit zum Nachdenken. Und wenn ich überzeugt bin, dass etwas richtig ist, dann ziehe ich es durch, egal was es kostet. In meiner Zeit als Hubschrauberpilot bei der Bundeswehr musste ich mal ein hohes Tier aus der Heeresleitung zu einer Sitzung auf die Hardthöhe nach Bonn fliegen. Unterwegs überflogen wir eine Massenkarambolage*

> *auf der A 1. Ein Verletzter hatte schwerste Verbrennungen und in der Umgebung stand weit und breit kein Helikopter zur Verfügung, wie ich über Funk erfuhr. Da bin ich runter und habe den Verletzten gegen den Willen des Herrn Generaloberst in das nächste Spezialkrankenhaus geflogen. Menschenleben gehen vor, habe ich mir gedacht. Der hohe Herr kam zu spät zu seinem Date und ich hatte ein saftiges Disziplinarverfahren wegen Befehlsverweigerung am Hals, das mit einer Degradierung endete. Aber ich würde es wieder genauso machen."*

Kämpfer treffen Entscheidungen oft aus dem Bauch heraus, besonders wenn sie wütend sind oder unter Stress stehen. „Für" oder „gegen" ist dann die Frage. Und sie sind sehr mutig. Sie tun Dinge auch dann, wenn sie dafür schwer wiegende Konsequenzen in Kauf nehmen müssen. Feigheit vor dem Feind verabscheuen sie zutiefst. Im Kollektiv sind sie oft diejenigen, die für die anderen die Kohlen aus dem Feuer holen, denn Angst vor Autoritäten kennen sie nicht, allenfalls Respekt. Kämpfer setzen sich oft ganz selbstverständlich für andere ein, wenn diese schwach oder ausgegrenzt sind oder sich nicht selbst wehren können. Dann kommt ihre andere Seite zum Vorschein – ein großes Herz, das aber im Allgemeinen gut gepanzert ist gegen Angriffe von außen. Oft übereilen Kämpfer auch Entscheidungen, denn sie sind ungeduldig und Diplomatie ist nicht unbedingt ihr heimatliches Terrain.

Entscheidungen oft aus dem Bauch heraus

Keine Angst vor Autoritäten

ZEITMANAGEMENT:

> *„Wenn ich alles im Griff habe, dann ist Zeit für mich kein Thema, dann flutscht alles und ich habe unbegrenzt Energie in mir",* sagt Herr Rottmann über sich selbst. *„Anders ist es, wenn er keinen Einfluss auf etwas hat, wenn er nichts tun kann und warten muss, das ist für ihn megastressig",* urteilt seine Frau über ihn. *„Geduld zählt nicht zu seinen Talenten."*

Ihr Zeitgefühl ist sehr eng daran gebunden, ob sie Kontrolle und Macht ausüben können oder ob auf sie selbst Kontrolle und Macht ausgeübt wird. In der aktiven Rolle geht es ihnen gut und die Zeit vergeht wie im Flug. In der passiven Rolle fühlen sie sich meist schlecht und die Zeit scheint stillzustehen.

Das Zeitgefühl ist von Kontrolle und Macht abhängig

Kämpfer sind ungeduldig

Warten müssen ist für Kämpfer eine Tortur. Ihre Ungeduld stellt sie selbst und ihre Umgebung immer wieder auf harte Proben.

UNTER STRESS:

> *„Ich wollte damals nach der Degradierung alles hinwerfen und lieber mein eigenes Ding machen, aber davon hat meine Frau mich abgehalten. Wir hatten da schon die Idee mit der Selbstständigkeit. Aber wir hatten wenig Geld und ohne meine Abfindung hätten wir es nicht realisieren können. Also habe ich die Zähne zusammengebissen und noch fast zwei Jahre durchgehalten. Zur Entlassung haben sie mich sogar wieder befördert.*
>
> *Seit acht Jahren haben wir nun unseren eigenen Laden, ich kümmere mich um das Management, meine Frau um die Verwaltung. Ich hatte Arbeitstage von 14 bis 16 Stunden, immer volle Pulle. Ich aß, worauf ich Lust hatte – und das war nicht immer gesund – ich rauchte Kette und war auch dem Alkohol nicht abgeneigt. Das ging bis zum Frühjahr, da wurde mir auf der A 5 vor dem Homburger Kreuz plötzlich schlecht und ich kriegte einen tierischen Druck auf der Brust. Ich habe irgendwie noch eine kontrollierte Bremsung hingekriegt, aber erst als sich die Notärztin über mich beugte – eine äußerst attraktive Frau im Übrigen – wurde mir bewusst, dass mit mir irgend etwas nicht stimmte. Meine Frau und mein Arzt hatten mich schon seit langem gewarnt.*
>
> *Was folgte, waren vier Wochen Klinik und sechs Wochen Reha. Echt ätzend, so völlig ohnmächtig ausgeliefert zu sein, wie im Knast. Die mit ihren ganzen Vorschriften, dem Getüdel und den guten Ratschlägen, das hat mich ganz kirre gemacht."*

Grenzen anzuerkennen fällt Kämpfern schwer

Grenzen anzuerkennen fällt Kämpfern schwer, vor allem die eigenen. Auch sich zu fügen und sich unterzuordnen ist schwer für sie und kostet viel Kraft und Disziplin. Es geht oft nur mit der Aussicht auf ein Ende in absehbarer Zeit oder mit Blick auf ein höheres Ziel.

Viele Kämpfer betreiben wider besseren Wissens Raubbau an ihrer Gesundheit. Sie verschließen sich allen vernünftigen Argumenten, auch wenn sie sich des Risikos durchaus bewusst sind. Die Haltung ist *„Na und? Das Leben ist schließlich* *kurz genug!"*. Sie bewegen sich durch die Welt wie eine Dampflokomotive, deren Kessel kurz vor dem Platzen steht. Das Wort „Stopp" scheinen sie nicht zu kennen und ihr Bremsweg ist lang. Feinde und Schwächlinge leben in diesem Umfeld gefährlich, aber auch Nahestehende können zu Schaden kommen. Auf der anderen Seite sind Kämpfer bereit, sich für Freunde und Schwache bedingungslos einzusetzen und gegebenenfalls auch ihr letztes Hemd zu geben.

DIE WENDE:

> *„Als ich dann wieder nach Hause kam, folgte der nächste Hammer. Meine Frau teilte mir gleich am ersten Abend daheim mit: ‚Felix, ein zweites Mal mache ich das nicht mit! Zuzuschauen, wie der Mann, den ich liebe, sich ruiniert, das geht über meine Kräfte. Entweder du schonst dich mehr oder ich muss dich verlassen. Ich halte das nicht mehr aus!' Und dann hat sie geweint.*
>
> *Ich fühlte mich total hilflos und war kurz davor, wegzulaufen. Aber irgendwie wusste ich, dass sie Recht hatte. Ich war wirklich gefährdet, wieder in diesen Sog zu geraten. Und dann hat es mich wie der Blitz durchfahren – diesmal nur bildlich und im Guten. Ich habe sie in den Arm genommen und auch geweint. Dann habe ich vorgeschlagen, dass wir einen konkreten Vertrag darüber vereinbaren, welche Dinge ich in meiner Lebensführung ändern muss, damit sie mich festnageln kann, wenn es nicht klappt. Bis morgens um vier haben wir gerungen, Punkt für Punkt – und sie hat sich in den meisten Fällen durchgesetzt. Dann haben wir unsere Trauzeugen angerufen und sie gebeten, unseren neuen Vertrag zu bezeugen, was sie gern, wenn auch überrascht, gemacht haben. Es wurde wie eine zweite Hochzeit, ziemlich feierlich."*

Eine Wende erfolgt oft erst durch einschneidende Schicksalsschläge, wenn sich Kämpfer bewusst werden, was sie mit ihrem rücksichtslosen Verhalten (auch gegen sich selbst) anderen antun. Man darf sie nicht schonen, will man ihnen die Konsequenzen ihres Tuns bewusst machen. Wer das jedoch versucht, braucht selbst viel Mut.

Erst wenn Kämpfer nachfühlen (und nicht nur verstehen) können, wie andere leiden und dass sie selbst dies verursacht haben, kann der weiche Kern durch die raue Schale dringen.

Oftmals erfolgt eine Wende erst vor dem Hintergrund einschneidender Schicksalsschläge

Dann brauchen sie viel Zuwendung und eine einfühlsame Begleitung. Nur in einer geschützten Atmosphäre gelingt es ihnen, sich zu öffnen und ihre unter dem Panzer liegende Verletzlichkeit zu offenbaren. Diese Verletzlichkeit ist der Schlüssel für konstruktive Lösungen und Veränderungen.

DIE NEUE PERSPEKTIVE:

„Mein Leben hat jetzt einen anderen Rhythmus bekommen. Ich nehme mir mehr Zeit für die Familie. Der Freitagnachmittag ist für die Kinder reserviert und mit meiner Frau gehe ich regelmäßig in Folk-Konzerte. Ich arbeite nur noch selten mehr als 10 Stunden täglich. Ich habe viel Verantwortung an meinen Stellvertreter abgegeben, dem ich vertraue und der sehr kompetent ist. Manchmal verspüre ich noch den Impuls, ihn zu kontrollieren, wie ich das früher gemacht habe, aber er darf mir dann auf die Finger hauen. Von den anderen Mitarbeitern bekomme ich nur gute Rückmeldungen, ich sei umgänglicher geworden, könne besser zuhören und müsse nicht immer das letzte Wort haben. Das kriege ich allerdings nicht immer hin. Nun ja, nobody is perfect! Ich mache Sport – Aerobic, Rückenschule und so Zeug. Wenn mir früher einer gesagt hätte, dass ich so was mal mache ... Das Rauchen habe ich aufgehört, ich esse gesünder, gehe regelmäßig zum Gesundheits-Check und Alkohol gibt es nur noch in Maßen. Sie sehen also, ein echt langweiliges Leben – fühlt sich aber ganz gut an."

Nach dem harten Schnitt ist Herr Rottmann weicher und kompromissbereiter geworden. Er hat sein Leben radikal verändert; von einem Moment auf den anderen. Er muss nun weniger kämpfen und kontrollieren. Er geht mit seinem Körper schonender um und widmet der Familie mehr Zeit und vor allem Gefühl. Er lernt, die Macht zu teilen und fürsorglicher zu werden.

Kämpfen ist nicht mehr Selbstzweck

Es scheint paradox: Je weniger Machtanspruch er stellt, desto mehr wird ihm davon zugestanden, denn andere haben jetzt das Gefühl, dass die Macht bei ihm wirklich in guten Händen ist. Kämpfen gerät nun nicht mehr zum Selbstzweck. Davon profitieren alle, vor allem er selbst.

3.1.2 Werte- und Entwicklungsquadrate für Kämpfer

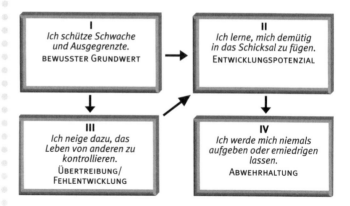

3.1.3 Tipps für Kämpfer und ihr Selbstmanagement

- Lernen Sie wahrzunehmen, wann Sie bei anderen Grenzen überschreiten; am besten ohne dass man Sie darauf hinweisen muss.
- Üben Sie sich in Geduld und Zurückhaltung. Zählen Sie langsam bis zehn, bevor Sie auf etwas reagieren, das ihnen nicht passt. Bei gravierenden Dingen schlafen Sie am besten eine Nacht darüber.
- Ihr Schwarz-Weiss-Denken führt dazu, dass Sie vielen Menschen gegenüber Vorurteile entwickeln und ihnen keine echte Chance geben, sich zu bewähren. Üben Sie sich darin, den zweiten Blick zu riskieren, bevor Sie urteilen. Und wenn es schon passiert ist, prüfen Sie, in welchen Fällen eine Revision Ihres ersten Urteils angemessen wäre.
- Fragen Sie sich, an wem Sie in letzter Zeit „schuldig" geworden sind und üben Sie sich in angemessener Wiedergutmachung. Aber fragen Sie nach, ob und wann diese erwünscht ist.
- Lernen Sie, sich zu entschuldigen, zur richtigen Zeit und mit angemessenen Worten. *„Es tut mir Leid"* ist ein guter Anfang.
- Mischen Sie sich nicht einfach ein, sondern fragen Sie um Erlaubnis, auch wenn es schwer fällt. Das gilt auch für ungefragte Meinungsäußerungen. Zurückhaltung zu lernen ist wichtig für Kämpfer, aber auch eine harte Schule.
- Machen Sie sich bewusst, dass Menschen niemandem mehr vertrauen als dem Starken, der seine eigenen Schwä-

chen kennt und zugibt – und der auch gelernt hat, um Hilfe zu bitten.

- Suchen Sie sich Menschen in Ihrer Umgebung, die es Ihnen sagen dürfen, wenn Sie die Gefühle anderer verletzen, Grenzen überschreiten und Fehler machen.

EINE KLEINE ÜBUNG FÜR DIE NÄCHSTEN VIER WOCHEN:
Nehmen Sie sich jeden Tag ein paar Minuten Zeit, um über die Menschen nachzudenken, mit denen Sie täglich leben und arbeiten. Sehen Sie es, wenn diese müde, traurig oder fröhlich sind? Gelingt es Ihnen, mit ihnen *mitzuempfinden*?

3.1.4 Tipps für einen guten Umgang mit Kämpfern

- Behaupten Sie sich, wenn Sie mit einem Kämpfer zusammenarbeiten. Wer schluckt, kuscht oder klein beigibt, erntet nur deren Verachtung.
- Zeigen Sie Mut und äußern Sie es, wenn Sie etwas auf dem Herzen haben. Schwafeln und Jammern hilft hier nichts. Kämpfer wollen klare Positionen und Vorschläge hören (auch konträre) und rasch Ergebnisse sehen. Geduld zählt nicht zu ihren Stärken.
- Wenn Ihre Forderung oder Bitte von einem Kämpfer abgewiesen wird, geben Sie nicht gleich auf. Weisen Sie darauf hin, wie wichtig Ihnen eine Sache ist und was gegebenenfalls davon abhängt.
- Kämpfer wollen Respekt. Behandeln Sie sie also als Respektspersonen und nicht als Handlanger, auch wenn Sie der Chef sind.
- Reden Sie Klartext und erklären Sie Probleme in eindeutigen Begriffen. Kämpfer haben wenig Sinn für Feinheiten und Diplomatensprache. Geheimnisvolle Andeutungen und symbolhafte Sprache sind ihnen zuwider.
- So hart es auch sein mag – geben Sie Kämpfern immer unmittelbar, direkt und ohne zu beschönigen ein Feed-back, wenn diese Fehler gemacht haben. Sonst müssen Sie am Ende selbst die Zeche zahlen.
- Haben Kämpfer etwas ausgefressen und es werden nun angedrohte Strafen fällig, müssen diese auch vollzogen werden, sonst verlieren Sie an Respekt. Setzen Sie deutlich Grenzen, wenn Sie nicht riskieren wollen, dass Sie vorgeführt werden.

- Wenn Sie Kämpfer kritisieren müssen, weisen Sie darauf hin, welche positiven Absichten Sie dabei haben.
- Seien Sie nachsichtig mit Kämpfern, wenn diese gemachte Fehler und Unzulänglichkeiten einräumen. Sich entschuldigen zu müssen ist Kämpfern sehr unangenehm. Seien Sie zufrieden mit dem „kleinen Finger" und zwingen Sie sie nicht zum Kniefall.

3.1.5 Erfahrungsberichte aus der Praxis

Michael, 36 Jahre, selbstständiger Unternehmer

Ich habe mich an die Zeit bei meiner früheren Firma erinnert. Dort hatte ich das Image des *„angry young man"*, dem vieles stinkt. Speziell die Chefs konfrontierte ich direkt mit meiner Meinung, hatte aber wenig Impulse für konstruktive Verbesserungen.

Heute arbeite ich selbstständig und habe mich viel besser im Griff. Die Aggression ist zwar immer noch ziemlich schnell da, der innere Drang, laut und heftig zu werden. Ich gehe heute aber anders damit um. Ich versuche, geduldiger zu sein, meine ersten Impulse wahrzunehmen *(„Aha, du könntest dem jetzt an die Gurgel gehen"),* ohne ihnen gleich zu folgen. Oft schlafe ich erst einmal drüber, bevor ich reagiere.

Mit Menschen, die reden und Stellung beziehen, kann ich gut umgehen. Schwierig ist es, wenn jemand schweigt. Das verunsichert mich. Ich bin dann gefährdet, die Regie zu übernehmen und zu handeln, ohne mich genügend abzustimmen. Das schafft bei vorsichtigen und introvertierten Menschen natürlich kein Vertrauen.

Heute versuche ich, erst einmal still zu sein und zu beobachten. Dinge einfach auszuhalten ist nach wie vor harte Arbeit für mich.

Birgit, 46 Jahre, Heilpraktikerin

Dass meine impulsive und direkte Art manchen Menschen Angst macht, war mir schon immer klar. Ich hatte lange Zeit aber kein Problem damit. In meinem Beruf musste ich lernen, mich mehr zurückzuhalten und zu kontrollieren. Mit Patienten ging das leichter als mit Ärzten oder Kollegen.

Vor einiger Zeit ist mir in einer Supervisionsgruppe eine eigentlich ganz nette Kollegin – sie hat vermutlich das Profil der Vermittlerin – ziemlich auf die Nerven gegangen. Sie kam einfach nicht auf den Punkt. Ich versuchte, sie ganz diplomatisch darauf hinzuweisen und war dann sehr überrascht, dass sie mir vorwarf, brutal und unsensibel zu sein. Enttäuscht, dass meine Bemühungen überhaupt nicht honoriert wurden, fuhr ich sie heftig an. Dadurch eskalierte die Situation.

Die Kenntnis meines Persönlichkeitsprofils hat mir klar gemacht: Selbst wenn ich mich bemühe, freundlich zu reagieren, wirke ich auf manche Menschen offenbar immer noch bedrohlich. Heute versuche ich, noch geduldiger zu reagieren und zu vermitteln, was ich mir wünsche. Ich lasse mich nur noch selten provozieren. So erspare ich mir ziemlich viel Stress.

3.2 Konsensorientierung – Friedvolle Vermittler

AUF EINEN BLICK

- freundlich
- offen
- geduldig
- ausdauernd
- flexibel

- diplomatisch
- ausgleichend
- unterstützend
- hilfsbereit
- tolerant

Was lange gärt, wird endlich Wut.
Hanns-Hermann Kersten

Der innere Friede, das ist etwas anderes als Zufriedenheit. Er ist das Licht, das uns inmitten unseres Elends und unserer Schuldhaftigkeit die Ahnung von einer erdumfassenden Liebe gibt.
Luise Rinser

Der Klügere gibt nach. Aber nicht auf.
Sigmar Schollak

Toleranz ist der Verdacht, der andere könnte Recht haben.
Kurt Tucholsky

Es gibt mehr Leute, die kapitulieren, als solche, die scheitern.
Henry Ford

Ein kleiner Feind, dies lerne fein, will durch Geduld ermüdet sein.
Christian Fürchtegott Gellert

Die Rücksicht auf das Recht des anderen – das ist Friede.
Benito Juárez García

Die Hoffnung ist der Regenbogen über dem herabstürzenden Bach des Lebens.
Friedrich Nietzsche

3.2.1 Businessprofil von Vermittlern

GRUNDSTIL UND BERUFLICHE ENTWICKLUNG:

Annette Liebermann ist 42 Jahre alt und arbeitet seit über zwanzig Jahren als Kinderkrankenschwester auf der Kinderstation eines städtischen Krankenhauses. Nach dem Abitur wusste sie zunächst nicht so genau, ob sie sich für ein Studium oder eine Ausbildung entscheiden sollte. Auch die Richtung war ihr nicht klar. Ihre Tante, Kinderkrankenschwester im selben Haus, regte sie zu einem Praktikum an: *„Du kannst doch gut mit kleinen Kindern umgehen!"*. Die Arbeit gefiel Frau Liebermann auf Anhieb. Noch vor Beendigung des Praktikums forderte ihre Chefin sie auf, sich um einen Ausbildungsplatz zu bewerben. Das tat Frau Liebermann und erhielt die Stelle. Nach der Ausbildung wurde sie als eine der wenigen Absolventinnen übernommen.

Frau Liebermann, die selbst Mutter von zwei Kindern ist, liebt ihre Arbeit sehr. Für ihre kleinen Patienten hat sie ein gutes Gespür. Sie erledigt ihre Arbeit stets zuverlässig und ist bei Ärzten, Kollegen, Patienten und deren Angehörigen gleichermaßen beliebt. In der Vergangenheit war sie bereits mehrfach von ihrer Chefin angesprochen worden, sich zur Stationsleitung weiterzuqualifizieren. Doch erst beim dritten Anlauf ließ sie sich „breitschlagen", wie sie es selber nennt. Ihre Chefin sollte bald in Ruhestand gehen und hatte Frau Liebermann als eine geeignete Kandidatin für ihre Nachfolge empfohlen.

Frau Liebermann hat die berufsbegleitende Weiterbildung sehr gut gefallen und seit knapp einem Jahr arbeitet sie nun als Stationsleitung.

Frau Liebermann hat eine für das Persönlichkeitsprofil des Vermittlers nicht ganz untypische Karriere durchlaufen: Vermittler sind offen, flexibel, vielseitig interessiert, tun sich aber schwer damit, herauszufinden, was sie wollen. Sie lassen vieles auf sich zukommen und engagieren sich dann dort, wo es ihnen interessant oder wichtig erscheint. Ihr Beruf hat eher sie gefunden als umgekehrt.

Vermittler tun sich schwer damit, herauszufinden, was sie eigentlich wollen

Sie sind freundlich und friedliebend, sehr pflichtbewusst und verfügen über ein gutes Einfühlungsvermögen. *„Einfach nett"* ist häufig der Eindruck, der bei anderen hängen bleibt. Sich mit Ellenbogen im Konkurrenzkampf durchzusetzen ist nicht ihr Ding. Sie neigen dazu, ihr Licht unter den Scheffel zu stellen und müssen fast dazu gezwungen werden, Karriere zu machen.

Führungsstil:

> Frau Liebermann führt ihre Mitarbeiter „an der langen Leine". *„Ein autoritärer Stil liegt mir nicht. Ich mag es ja auch nicht, wenn mir ständig jemand sagt, was ich zu tun und zu lassen habe. Mir ist es wichtig, dass alle möglichst selbstständig und eigenverantwortlich handeln. Ich versuche dabei, durch mein eigenes Tun ein gutes Vorbild zu sein."* Frau Liebermann ist zu allen freundlich und hat für die Sorgen und Nöte der Mitarbeiter ein offenes Ohr, soweit es der Klinikalltag mit all dem Stress und den betrieblichen Zwängen zulässt.
>
> *„Streit mag ich nicht, ich bin eine Brückenbauerin",* sagt Frau Liebermann von sich. Sie versucht stets auszugleichen und zu vermitteln, wenn zwei sich streiten. Sie hat schon oft mit Erfolg Konflikte geschlichtet. Eine gute Atmosphäre und ein konstruktiver Umgang auf der Station sind ihr sehr wichtig. Um sich weiter zu schulen will Frau Liebermann demnächst eine Mediatoren-Weiterbildung beginnen.

Vermittler pflegen einen antiautoritären Führungsstil

Vermittler pflegen einen antiautoritären Führungsstil. Sie gewähren Freiräume zur Selbstentfaltung, erwarten aber auch, dass diese selbstverantwortlich und mit Pflichtbewusstsein genutzt werden. Ihr offenes Ohr und ihre Harmoniebedürftigkeit machen sie zu sympathischen, menschlichen Chefs. Manchmal nutzen Mitarbeiter dies jedoch aus. Vermittler sind gefährdet, Dinge durch Aussitzen lösen zu wollen, wo entschlossenes und sofortiges Handeln erforderlich ist. Der Führungsstil von Vermittlern funktioniert gut, wenn alle kompetent sind, wissen, was sie zu tun haben und konstruktiv und verantwortungsbewusst zusammenarbeiten. In Krisen- und Umbruchzeiten kann er aber auch zu einem Problem werden.

In Krisen kann der Führungsstil zum Problem werden

Entscheidungen:

> Mit den Routineentscheidungen des Pflegealltags tut sich Frau Liebermann leicht. Sie hat in der Weiterbildung viel hin-

zugelernt und versucht nun, so gut es geht, auf dem neuesten Wissensstand zu bleiben. Seit einigen Monaten häufen sich bei ihr jedoch Beschwerden der Mitarbeiter über eine Kollegin.

Auch ihr selbst fällt die Zusammenarbeit mit Frau R. schwer. Diese ist fachlich zwar durchaus kompetent, zwischenmenschlich jedoch höchst schwierig. Sie reagiert schnell beleidigt, wird in Gesprächen ausfallend und attackiert ihre Kollegen in unsachlicher Art und Weise. Fast alle Mitarbeiter liegen mit ihr im Streit oder meiden sie. Bei der Erstellung der Dienstpläne gibt es regelmäßig Probleme, da niemand mit Frau R. zusammenarbeiten möchte.

Frau Liebermann fühlt sich stark unter Druck, ist sich aber unsicher, was sie tun soll. Eigentlich ist ihr klar, dass es für Frau R. keine Zukunft im Team geben kann. Beim Gedanken daran, ihr nahe zu legen, sich nach einer anderen Stelle umzusehen, wird ihr jedoch mulmig. Fachlich ist ja nichts gegen Frau R. einzuwenden und vielleicht gibt es ja schwer wiegende private Gründe für ihr schwieriges Verhalten ...

Vermittler versuchen, Dinge von allen möglichen Positionen und Perspektiven aus zu betrachten, bevor sie Entscheidungen treffen. Sie haben viel Verständnis und schauen mehr auf das Verbindende als auf das Trennende. Ihre Haltung ist eine „Sowohl-als-auch-Haltung", die auf Frieden und Kompromiss geeicht ist. *„Leben und leben lassen"* lautet ihr Motto. Radikale Neuerungen oder Umstürze mögen sie nicht. Das führt einerseits zu wohl durchdachten Entscheidungen, andererseits sind Vermittler versucht, es allen recht machen zu wollen. Dabei zögern sie Entscheidungen heraus (vor allem unangenehme) und laufen Gefahr, sich beeinflussen zu lassen.

Vermittler betrachten die Dinge von allen Seiten

Entscheidungen werden hinausgezögert

Einen gewissen Entscheidungs- oder Handlungsdruck empfinden Vermittler durchaus als förderlich. Sie erledigen die Dinge oft erst „fünf vor zwölf", dann aber in der Regel zufrieden stellend. Steigt der Druck jedoch, wird dies schnell als Zwang empfunden, vor dem ein Vermittler entweder kapituliert oder stur und bockig abblockt. Und sture Vermittler sind wirklich harte Brocken.

Zeitmanagement:

In diesem Moment klingelt das Telefon. Die Pflegedienstleiterin bittet alle Stationsleitungen dringend zu einer Sitzung nach dem Mittagessen, da auf zwei Stationen eine Magen-Darm-Grippe unter den Mitarbeitern grassiert. Nun müssen alle gemeinsam einen Not-Dienstplan erarbeiten.

Frau Liebermann schnappt sich sofort ihre Dienstpläne, um sich so gründlich wie möglich vorzubereiten. In der Sitzung sagt sie die Übernahme von Schichten zu, wo immer es ihr möglich erscheint. Als am Ende zusammengezählt wird, leistet ihre Station mehr als ein Drittel aller zu besetzenden Schichten – weit mehr als alle anderen Stationen.

Eine gewisse Routine hat auch ihr Gutes

Vermittler schätzen zwar Abwechslung, sie sind aber auch ein bisschen bequem. Eine gewisse Routine hat eben auch ihr Gutes. Man kennt sich aus und kann aus dem Erfahrungsschatz heraus handeln. Man muss nicht ständig neu entscheiden.

Vermittler haben oft Zeitprobleme, da sie unangenehme Dinge so lange aufschieben, bis Handeln unausweichlich wird, z.B. weil sonst eine Frist versäumt wird. Statt rechtzeitig zu handeln, lenken sich Vermittler oft mit etwas weniger Wichtigem oder einer angenehmen Nebensache ab. Auch ihre Bereitschaft, für jeden ein Ohr zu haben, kann für Vermittler zu einer Zeitfalle werden. Sie sind aber auch sehr pflichtbewusst. Bricht eine Notsituation aus, wie im oben genannten Beispiel, können sie uneigennützig und entschlossen handeln, aber eher zum Wohl des Ganzen als für sich selbst. Vermittler sind immer gefährdet, sich überproportional viel aufzuladen. „Nein" ist für sie fast ein Fremdwort, wenn jemand in Not ist oder sie freundlich um etwas bittet.

Immer gefährdet, sich überproportional viel aufzuladen

Unter Stress:

Nach Ende der Sitzung bittet die Pflegedienstleiterin Frau Liebermann noch zu bleiben. *„Ihre Mitarbeiter haben sich bei mir beschwert wegen der Konflikte mit Frau R. und Ihrer bisherigen Untätigkeit. Sie haben auch angekündigt, beim Betriebsrat vorstellig zu werden. Kann es sein, dass Sie die Situation nicht mehr im Griff haben?"*

> Frau Liebermann fühlt sich vollkommen überrollt. Die Pflegedienstleiterin fordert von ihr eine schnelle Lösung. Frau Liebermann gerät immer weiter in die Defensive und reagiert misstrauisch und gereizt: *„So einfach, wie Sie sich das vorzustellen scheinen, ist die Sache nicht! Eine schnelle Lösung, die allen gerecht wird, gibt es nicht! Das habe ich alles schon überlegt! Man kann doch niemanden vor die Tür setzen, nur weil einem dessen Nase nicht passt!"*

Treffen Vorwürfe und Kritik sie unvorbereitet, kann dies Vermittler aus dem Gleis werfen. Sie fühlen sich total überfordert. Übergangen zu werden ist schlimm für sie und macht sie wütend. Sie sind dann gefährdet, dichtzumachen und auf stur zu schalten. Man kommt an sie nicht mehr heran oder die Problemlösung wird delegiert.

Im Stress beginnen Vermittler hinter allem böse Absichten und Manipulation zu wittern. Ihre ansonsten sprichwörtliche Gutgläubigkeit ist wie weggeblasen. Dann kann es auch zu Zornesausbrüchen kommen, die man normalerweise von ihnen nicht kennt und ihnen auch kaum zutraut. Vermittler schlucken viel zu viel und viel zu lang – aber wehe, wenn der berühmte Tropfen das Fass zum Überlaufen bringt.

Im Stress beginnen Vermittler hinter allem böse Absichten und Manipulation zu wittern

DIE WENDE:

> Die Pflegedienstleiterin merkt, dass sich Frau Liebermann immer mehr verschließt und fragt, wie sie sich im Moment fühlt. Frau Liebermann zögert und man sieht, wie sie mit sich ringt.
>
> Nach einer Weile richtet sie sich auf und schaut der Pflegedienstleiterin direkt in die Augen. *„Ich fühle mich persönlich verletzt, weil meine Mitarbeiter an mir vorbei gehandelt haben. Aber es stimmt, ich zögere schon viel zu lange, denn die Situation spitzt sich immer mehr zu. Konfliktmanagement ist nicht unbedingt meine Stärke. Ich bin einfach zu harmoniebedürftig und habe selbst bei gravierenden Versäumnissen noch zu viel Verständnis."*
>
> Frau Liebermann beschreibt ihre Gefühle und die Gedanken, die sie sich über die Situation gemacht hat. Während sie spricht, ordnen sich ihre Gedanken und plötzlich wird ihr klar,

was zu tun ist. Sie schlägt der Pflegedienstleiterin vor, Frau R. zunächst für zwei Wochen komplett an eine der beiden anderen Stationen abzustellen.

Vermittler brauchen
Zeit zur Reflexion

Um einen Ausweg aus der Krise zu finden, brauchen Vermittler den richtigen Abstand zum Geschehen und Zeit zum Reflektieren. Dabei kann man sie von außen unterstützen, indem man aufmerksam zuhört und Fragen stellt: *Was ist passiert? Warum ist es passiert? Wie geht es dir dabei? Was sind die Handlungsoptionen und die möglichen Konsequenzen?* So kann sich das Gefühl der Überforderung und der Verwirrung wandeln und in kreative Lösungsenergie und entschlossene und richtige Handlungen münden.

DIE NEUE PERSPEKTIVE:

Die Pflegedienstleiterin stimmt zu: *„Wir können das versuchen. Aber was tun wir, wenn es dort genauso läuft?" „Dann müssen wir uns von Frau R. trennen. Ich habe meine Zweifel, dass sie sich einfügen wird. Aber ich werde mit ihr sprechen und Klartext reden, was ich von ihr erwarte und dann sehen wir weiter."*

Frau Liebermann dankt der Pflegedienstleiterin dafür, dass sie ihr zugehört und bei der Entscheidungsfindung geholfen hat. *„Das macht mir Mut, einmal systematisch zu analysieren, ob ich noch andere unangenehme Dinge vor mir herschiebe. Diese ‚offenen Baustellen' würde ich gern angehen."* Die Pflegedienstleiterin entgegnet: *„Wenn Sie mögen, biete ich Ihnen an, mit Ihnen in den kommenden Wochen ein Einzel-Coaching durchzuführen, sagen wir, eine Stunde pro Woche. Vielleicht hilft Ihnen das bei der Lösungssuche."* Gern nimmt Frau Liebermann dieses Angebot an, denn sie vertraut ihrer Vorgesetzten.

Frau R. äußert zum Erstaunen von Frau Liebermann keinen Widerstand über die vorläufige Versetzung. *„Hier im Team bin ich offenbar nicht willkommen. Jetzt weiß ich wenigstens, wo ich dran bin. Es ist auch höchste Zeit, dass Sie endlich eine klare Linie fahren. Das habe ich bislang vermisst. Ich weiß, dass ich kein einfacher Mensch bin. Aber der Schlingerkurs hier hat mich sehr verunsichert."*

Für Vermittler ist es wichtig, Hilfe bei der Problemanalyse und der Suche nach Lösungen anzunehmen und gleichzeitig autonom zu bleiben bei der tatsächlichen Problemlösung.

Hilfe annehmen, aber in der Problemlösung autonom bleiben

Hier liegt der Schlüssel für die Entwicklung. Aufgeschobene Entscheidungen oder ausgesessene Konflikte binden viel Energie. Wenn Vermittler zum „Aufräumen" und zum richtigen und konsequenten Handeln schreiten, kann dies ein beachtliches Potenzial freisetzen. Geschenkt gibt es dies jedoch nicht, es ist harte Arbeit. Vermittler, die diesen Weg auf sich nehmen, werden selbstbewusster, zielstrebiger und entscheidungsfreudiger. Sie ergreifen selbst die Initiative, werden dynamischer und können Prioritäten setzen. Sie werden insgesamt produktiver, effektiver und effizienter.

3.2.2 Werte- und Entwicklungsquadrate für Vermittler

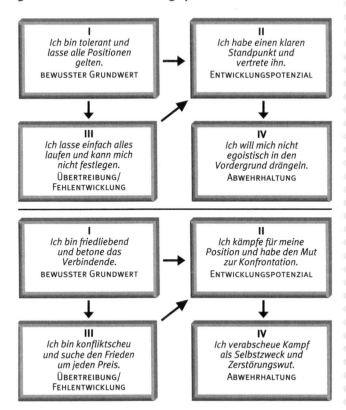

67

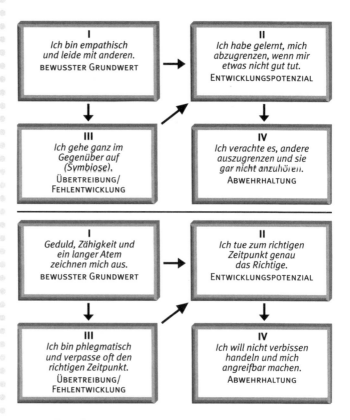

3.2.3 Tipps für Vermittler und ihr Selbstmanagement

- Für Vermittler ist es wichtig zu entdecken, was sie selbst möchten, ganz egal, ob es anderen gefällt oder nicht. Lernen Sie, „Nein" zu sagen! Bleiben Sie Ihrer Linie treu! Lassen Sie sich nicht entmutigen!
- Auf dem Weg dahin kann es nützlich sein, die Selbstbeobachtung zu schulen, auf welch subtile und passive Art Sie oft Widerstand ausüben und damit Situationen kontrollieren oder blockieren.
- Üben Sie sich darin, früher als bisher wahrzunehmen, wenn Sie nicht einverstanden sind und drücken Sie dies unmittelbarer aus.
- Werden Sie offensiver! Formulieren Sie, was Sie motiviert und wie Sie behandelt werden möchten. Raus aus der Passivität – es lohnt sich!

- Lernen Sie Streiten – besuchen Sie zum Beispiel Konflikt-Seminare oder Streit-Workshops.
- Lassen Sie sich Gängelung nicht bieten. Wehren Sie sich sofort und konsequent gegen Übergriffe. Selbstverteidigungskurse können bei Ihnen Wunder bewirken.
- Arbeiten Sie an Ihrem Selbstbewusstsein und Selbstwertgefühl. In Ihnen steckt mehr als Sie denken! Haben Sie den Mut, Ecken und Kanten zu entwickeln – frei nach dem Motto: nicht immer, aber immer öfter.
- Wenn Sie eine Führungsaufgabe haben, ist es ratsam, sich dynamische Mitarbeiter und Ratgeber zu suchen, die ein Gespür dafür haben, wann und wo Entscheidungen notwendig sind, auch ohne dass alle Informationen sondiert wurden. Achten Sie aber darauf, dass Sie die Zügel in der Hand behalten. Schätzen Sie jene besonders, von denen Sie sich „festnageln" lassen, wenn Sie mal wieder dabei sind, auszuweichen oder bockig zu werden.

EINE KLEINE ÜBUNG FÜR DIE NÄCHSTEN VIER WOCHEN:
Nehmen Sie sich jeden Tag ein paar Minuten Zeit, um sich zu fragen: *„Ist das, was ich jetzt gerade tue, auch das, was ich wirklich will?" „Was in mir wartet noch darauf, gelebt zu werden?"* Halten Sie die Fragen und Antworten in einem Tagebuch fest, damit Sie sich jederzeit daran erinnern können.

3.2.4 Tipps für einen guten Umgang mit Vermittlern

- Vermittler sind eher zurückhaltend und abwartend. Gehen Sie auf sie zu und zeigen Sie ehrliches Interesse an ihnen.
- Freundlichkeit und Höflichkeit sind die Schlüssel für eine gute Kommunikation mit Vermittlern. Sie können Ihnen kaum eine freundlich vorgebrachte Bitte abschlagen. Aber nutzen Sie dies nicht aus. Vermittler hassen es, manipuliert zu werden.
- Bemühen auch Sie sich darum, dass alle in angemessener Weise zu ihrem Recht kommen. Damit machen Sie sich Vermittler zu Verbündeten.
- Nutzen Sie das diplomatische Geschick und das Vermittlungstalent für heikle Missionen. Gut vorbereitet und mit ausreichend Zeit können Vermittler viel bewegen.
- Ermutigen Sie Vermittler dazu, öfter selbst die Initiative zu übernehmen, anstatt sich anzupassen.

- Vermittler haben oft Probleme, sich abzugrenzen. Sie nehmen viel zu viele Dinge in sich auf, die ihnen schaden. Bieten Sie Ihre Unterstützung an, diesen Aspekt immer wieder zu reflektieren.
- Haben Sie Geduld mit Vermittlern, wenn diese nicht wissen, was sie wollen. Verzichten Sie darauf, Druck auszuüben. Stellen Sie lösungsorientierte Fragen – das hilft ihnen am meisten. Nur eine selbst gefundene Lösung ist für Vermittler eine gute und nachhaltig wirksame.
- Erwarten Sie keine schnellen Veränderungen von Vermittlern. Sie brauchen Zeit, um sich neuen Situationen anzupassen oder gewonnene Einsichten umzusetzen.
- Ermutigen Sie Vermittler dazu, sich in exponierten Rollen und Aufgaben zu bewähren. Zeigen Sie ihnen, dass Sie an sie glauben. Oft schlummert hier im Verborgenen ein beachtliches Potenzial.
- Wenn es im Team nicht rund läuft, fragen Sie Vermittler nach ihrer Sicht der Dinge. Sie werden überrascht sein über die differenzierte und komplexe Wahrnehmung. Vermittler können alle Standpunkte einnehmen, verstehen und deren Berechtigung spüren. Dieses Talent lässt sich zum Wohle des Teams nutzen.

3.2.5 Erfahrungsberichte aus der Praxis

TRAUGOTT, 54 JAHRE, GESCHÄFTSFÜHRER EINER KARITATIVEN EINRICHTUNG

Meine Stärken sind mir viel bewusster geworden: Integrationsfähigkeit und Vermittlungstalent. Ich sehe aber auch die Punkte klarer, die für mich Dauerbrenner sind: deutlich Position zu beziehen, Führung wahrzunehmen, Energie zu bündeln und nicht immer auf das Verständnis der anderen zu setzen. Meine Mitarbeiterinnen sind jetzt zufriedener, weil ich klarere Zielvereinbarungen mit ihnen treffe und Prioritäten festlege.

Auch mein Tagesgeschäft ist strukturierter geworden. Aktuell war die Zusammenarbeit mit einer Kollegin schwierig. Sie wusste immer sofort, was zu tun ist. Das ging mir oft zu schnell und ich reagierte bockig und stur.

Seit ich weiß, dass sie das Profil der Kämpferin hat, kann ich auch ihre Ängste wahrnehmen. Ich kann sie besser akzeptieren, auf sie zugehen und sagen: *„Moment, da brauche ich* *noch etwas Zeit!"* Dann denkt sie nicht mehr, dass ich gegen sie arbeite.

Wir können unsere Gaben jetzt gezielter einsetzen: Bei Streitgesprächen und Verhandlungen geht sie voran. Bei Diplomatie und vorsichtigem Werben für eine Position bin ich gefragt.

ELVIRA, 33 JAHRE, ERZIEHERIN

Ich achte jetzt vor allem darauf, besser für mich zu sorgen. Mit einer Kollegin im Kindergarten hatte ich lange Zeit Schwierigkeiten. Sie hat das Profil der Perfektionistin. Ich dachte immer, ich müsste ihre hohen Anforderungen erfüllen und das hat mich blockiert.

Wenn sie jetzt mit kritischen Anregungen kommt, zeige ich ihr zunächst auf, was mein Weg ist, mit der Situation umzugehen und wenn es mir sinnvoll erscheint, komme ich ihr entgegen. Zwischen uns herrscht jetzt ein viel besseres Klima.

Auch mit manchen Kindern komme ich besser klar. Es ist faszinierend zu sehen, wie früh sich das Persönlichkeitsprofil oft schon zeigt. In meiner Gruppe habe ich einen Jungen, der vermutlich mein Profil hat. Er kommt morgens und verschwindet gleich in der Bauecke und ward nicht mehr gesehen. Ich nehme mir jetzt bewusst Zeit für ihn. Manchmal merke ich, dass ich störe und ziehe mich diskret wieder zurück und manchmal ist er ganz dankbar und redet wie ein Buch.

Bei einem anderen Jungen, der wohl das Profil des Kämpfers hat, achte ich sehr darauf, ihm Grenzen aufzuzeigen, die er – wie alle – respektieren muss.

3.3 Prinzipienorientierung –
Gewissenhafte Perfektionisten

AUF EINEN BLICK

- rechtschaffen
- anspruchsvoll
- eifrig
- gründlich
- genau

- zuverlässig
- wahrheitsliebend
- werteorientiert
- vorausschauend
- reformorientiert

Kritiker sind Leute, die ursprünglich Henker werden wollten,
diesen Beruf aber knapp verfehlt haben.
Harold Pinter

Es ist nicht einfach, perfekt zu sein,
aber irgendeiner muss es ja schließlich tun.
Unbekannt

Besserwisser sind Leute, die einem Pferd die Sporen geben,
auf dem sie gar nicht sitzen.
aus Flandern

Je vollkommener etwas ist, desto schwerer ist es,
es zu lieben.
Walther Rathenau

Es ist unmöglich, Staub wegzublasen,
ohne dass jemand zu husten anfängt.
Prinz Philip, Gatte von Elizabeth II.

Es ist immer ein heiter stimmender Anblick,
wenn Prinzipienreiter abgeworfen werden.
Werner Finck

Ein Gewissensbiss ist ein Blick auf Gott.
Peter Ustinov

3.3.1 Businessprofil von Perfektionisten

GRUNDSTIL UND BERUFLICHE ENTWICKLUNG:

> Moritz Apel ist 39 Jahre alt und Leiter der Buchhaltung eines
> mittelständischen Textilunternehmens mit 400 Mitarbeitern,
> das auf hochwertige Sport- und Freizeitbekleidung speziali-
> siert ist. Er hat sich hochgearbeitet: mittlere Reife, Lehre zum
> Bürokaufmann, Abitur auf der Abendschule, berufsbegleiten-
> des Diplom in Wirtschaftsinformatik im Fernstudium. Die Fir-
> ma – ein Familienbetrieb in dritter Generation – hat Herrn Apel
> bei der beruflichen Qualifizierung aktiv gefördert, durch teil-
> weise Übernahme von Schulkosten und Freistellungen in Prü-
> fungszeiten.
>
> Herr Apel genießt als kompetenter, loyaler und gewissenhaf-
> ter Mitarbeiter das volle Vertrauen seiner Vorgesetzten. Er
> stellt hohe Ansprüche an sich selbst und ist bemüht, immer al-
> les richtig zu machen. Richtig heißt für ihn hundertprozentig.
> Er schätzt an seiner Arbeit das klar umrissene Aufgabenfeld
> und die genauen Richtlinien. Das Buchhaltungsbüro ist gut
> strukturiert und organisiert, übersichtlich und funktional ein-
> gerichtet. *„Ich gebe mir Mühe, immer auf dem neuesten Wis-
> sensstand zu sein und meinen Bereich vorausschauend zu
> optimieren"*, sagt er von sich.

Herr Apel ist ein typischer Vertreter des Persönlichkeitsprofils
des Perfektionisten: engagiert, gewissenhaft und immer be-
strebt, alle Aufgaben hundertprozentig zu erfüllen. Auf Perfektionisten kann man sich verlassen. Ihre zentrale Motivation ist
Vollkommenheit und die ist nur zu erreichen, wenn man Fehler
und Mängel konsequent vermeidet. Ehrlichkeit, Zuverlässigkeit und ein hohes Qualitätsbewusstsein zeichnen Perfektionisten aus. Weil ihnen Fehler sofort ins Auge springen und ihnen gleichzeitig die präventive Fehlervermeidung so wichtig
ist, verfügen sie über ein hohes Reformpotenzial, das sich im
Unternehmen gut nutzen lässt.

*Ehrlichkeit, Zuverlässig-
keit und ein hohes
Qualitätsbewusstsein*

FÜHRUNGSSTIL:

> Herr Apel stellt auch an seine sechs Mitarbeiter hohe Ansprü-
> che. Er achtet auf eine exzellente Ausbildung und eine konti-

nuierliche berufliche Fortbildung. Er legt Wert auf eine kollegiale, zugleich aber sachliche Atmosphäre im Büro. Wichtig ist ihm auch eine klare Trennung zwischen Beruf und Privatleben.

Herr Apel wird von seinen Mitarbeitern fachlich geschätzt, aufgrund seiner hohen Ansprüche und gelegentlichen Strenge aber auch gefürchtet. *„Der Chef entdeckt jeden Fehler auf den ersten Blick"*, sagt seine Stellvertreterin, *„er hat da so etwas wie einen eingebauten TÜV-Blick. Seine Ansprüche zu erfüllen ist sehr, sehr schwer. Auf der anderen Seite erhalten wir bei jeder internen Revision die mit Abstand besten Noten."*

Herr Apel neigt dazu, seine Mitarbeiter zu kontrollieren, ob sie ihre Aufgaben den Vorgaben entsprechend erfüllen. Selbstverständlich versucht er dies diskret zu tun, doch seine Blicke sprechen allzu oft Bände ... Herr Apel ist sehr darum bemüht, Dienstwege und etablierte Verfahren genau einzuhalten. Abweichungen duldet er nur selten. Aufgaben zu delegieren fällt Herrn Apel nicht leicht: *„Vieles erledige ich lieber selbst, dann weiß ich wenigstens, dass es richtig gemacht wurde."*

Perfektionisten sind auf die Sache ausgerichtet

Perfektionisten pflegen einen förmlichen Führungsstil. Sie sind auf die Sache ausgerichtet, und das erwarten sie auch von ihren Mitarbeitern. Sie stellen – oft unbewusst – ebenso hohe Ansprüche an ihre Umwelt wie an sich selbst. Erkennen sie in der Arbeit anderer Defizite – und dafür haben sie einen Riecher – so mischen sie sich ein. Das kann zu Missstimmungen führen. Mitarbeiter fühlen sich bevormundet oder gar entmündigt. In der Kommunikation neigen Perfektionisten zu wertenden Äußerungen und einem belehrenden Ton.

Neigen dazu, Mitarbeiter zu bevormunden

ENTSCHEIDUNGEN:

Entscheidungen fallen Herrn Apel grundsätzlich nicht leicht, denn welches ist schließlich die richtige Entscheidung? Im Rahmen der vorgegebenen Richtlinien und Abläufe fallen Entscheidungen leichter, vor allem dann, wenn sie der Erreichung des angestrebten Qualitätsstandards dienen.

Seine Mitarbeiter sind es gewohnt, dass Entscheidungen nachvollziehbar sind und klar kommuniziert werden. Herr Apel bemüht sich außerdem darum, alle getroffenen Entscheidungen systematisch zu dokumentieren. Schwierig wird es für ihn, wenn die Vorgaben für die Entscheidungsfindung unklar oder die Folgen unabsehbar sind. *„Es wäre schön, in die Zukunft blicken zu können, dann fielen mir Entscheidungen viel leichter"*, sagt er mit einem Seufzer. Auch spontane Entscheidungen oder Entscheidungen unter Zeitdruck sind nicht seine Sache.

Perfektionisten wollen stets das Richtige tun. Entscheidungen, insbesondere, wenn sie aufgrund unvollständiger Informationen getroffen werden müssen – und das ist leider ziemlich oft so – fallen ihnen schwer. Was folgt, ist ein Prozess des inneren Ringens um die Annäherung an den Idealzustand. Es wird sorgsam recherchiert – Listen werden angelegt, Vergleiche angestellt, komplizierte Bewertungen durchgeführt und so weiter. Dabei kann einiges an Zeit verstreichen.

Nicht vollständig abgesicherte Entscheidungen fallen schwer

Andere reagieren bisweilen verständnislos auf die scheinbare Untätigkeit. In Gruppen Entscheidungen zu treffen ist auch keine leichte Sache, denn das bedeutet fast immer, Abstriche an den Idealansprüchen in Kauf nehmen zu müssen und Kompromisse machen Perfektionisten nur ungern.

Kompromisse machen Perfektionisten nur ungern

ZEITMANAGEMENT:

Herr Apel schätzt es, geplant und strukturiert vorzugehen, deshalb teilt er sich seine Zeit ein. Er überlegt im Voraus, was morgen, nächste Woche oder nächsten Monat zu tun ist. An der Wand des Büros hängen Wochen-, Monats- und Jahres-Zeitplaner.

Oft ärgert es Herrn Apel, dass viele im Betrieb ihm seine Zeitplanung immer wieder über den Haufen werfen, weil irgendetwas wieder ganz dringend zu erledigen ist, was eigentlich schon vor zwei Wochen hätte geschehen sollen. In seinem Zuständigkeitsbereich würde es so etwas nicht geben. *„Wenn dann noch viele schwierige Entscheidungen auf einmal zu fällen sind, kann es zu einem Entscheidungsstau kommen und mein ansonsten so gut funktionierendes Zeitmanagement gerät völlig aus den Fugen. Oft habe ich zudem das Gefühl, die Zeit läuft mir davon und es wird immer schwerer, alles zu schaffen und dabei auch noch die Qualität beizubehalten."*

Perfektionisten sind strukturierte Menschen, die gern planen, auch für andere. Besonders flexibel sind sie allerdings nicht

Perfektionisten sind eher inflexibel

und Änderungen an einmal beschlossenen Plänen nehmen sie nur ungern vor. In Zeitschwierigkeiten geraten Perfektionisten, weil sie Entscheidungen vertagen und sich zu viel auf die Schultern laden. Wie die Feuerwehr hetzen sie dann von einem Brandherd zum nächsten und versuchen zu löschen. Doch viele Brände schwelen weiter.

Perfektionisten müssen lernen zu delegieren

Perfektionisten müssen lernen zu delegieren, auch wenn andere es vielleicht nicht ganz so akkurat erledigen wie sie selbst. Sie sollten auch flexibler werden und es zulassen, dass andere Wege ausprobiert werden, als der eine vermeintlich „richtige".

Außerdem fehlt es Perfektionisten manchmal am rechten Maß für Aufwand und Ertrag: Sie sind fähig, viele (Über-) Stunden in eine Qualitätssteigerung von 95 auf 96 Prozent zu investieren, die andere gar nicht wahrnehmen.

UNTER STRESS:

Am vergangenen Montag sind Herrn Apel Gerüchte aus dem Betriebsrat zugetragen worden, die Geschäftsleitung plane die Auslagerung der Buchhaltung, um in wirtschaftlich schwierigen Zeiten Kosten zu sparen. Die ganze Woche ist die Atmosphäre im Buchhaltungsbüro nun schon stark belastet. Die Mitarbeiter trauen sich kaum noch, Herrn Apel anzusprechen, weil dieser sehr gereizt reagiert und sich sofort persönlich angegriffen fühlt.

Auch daheim bei den Apels herrscht „dicke Luft": Frau Apel und die beiden Söhne werden bei jeder Kleinigkeit angeschnauzt. Sie können Herrn Apel nichts recht machen.

Eigentlich geben Perfektionisten nicht viel auf Gerüchte, sie halten sich lieber an Fakten. Dieses Gerücht stellt jedoch die eigene Existenz und das ganze bisherige Engagement von Herrn Apel infrage. Er ist sich keines Fehlers oder Versäumnisses bewusst und empfindet die Gerüchte als ungerecht und verletzend. Er ist zornig, versucht seinen Zorn aber zu kontrollieren. Dies gelingt ihm jedoch nicht, jeder bekommt es mit und kriegt „sein Fett ab".

Perfektionisten sind oft zornig, merken dies selbst jedoch erst (zu) spät, wenn sie kurz davor sind, in die Luft zu gehen. Perfektionisten sind dann wie ein Dampfkochtopf. Wehe, wenn so ein Ding platzt oder unsachgemäß geöffnet wird. Perfektionisten haben oft einen cholerischen Zug, auch wenn sie diesen beständig zu zügeln versuchen. Unter Stress ist es schwer, mit einem Perfektionisten zu diskutieren. Alles, was nicht sein darf, ist dann auch nicht. Punkt. Es fällt ihnen auch generell schwer mitzuteilen, was gefühlsmäßig in ihnen vorgeht.

Oftmals cholerische Züge

DIE WENDE:

Am Samstag haben die Apels Hochzeitstag. Wie schon lange geplant sind die Kinder für das Wochenende bei den Großeltern und das Paar verbringt den Tag im Odenwald. Auf einem langen Spaziergang durch die herbstliche Berglandschaft bricht es aus Herrn Apel heraus. Er macht seinem ganzen angestauten Ärger Luft. Er schimpft über die maßlose Ungerechtigkeit und darüber, all das „hintenrum" erfahren zu müssen.

Frau Apel, die sich diesen Tag anders vorgestellt hat, hört lange Zeit nur zu. Dann stellt sie die (entscheidende) Frage: „*Was ist denn dran an den Gerüchten? Hast du deine Chefs gefragt?*" Jetzt erst wird Herrn Apel bewusst, das er sich in ein auf Gerüchten basierendes Szenario hineingesteigert hat. „*Am besten bittest du gleich am Montag um einen Termin. Erzähl ihnen von deinen Nöten und frag, was dran ist an den Gerüchten*", schlägt seine Frau vor.

Herr Apel spürt, dass seine Frau Recht hat. Nur so kann der ganze aufgestaute Druck vielleicht entweichen. Am liebsten würde er es natürlich sofort hinter sich bringen, aber allein die Tatsache, jetzt einen Lösungsweg zu sehen, sorgt für spürbare Entspannung. Jetzt fällt es ihm leichter, in den Gasthof einzukehren und das geplante „Hochzeitsmahl" zu genießen. Nach dem zweiten Viertele entspannt Herr Apel immer mehr und das Wochenende nimmt noch einen angenehmen Verlauf. Gleich am Montag früh wird Herr Apel bei seinen Chefs vorstellig und erhält noch am selben Tag einen Termin.

Wenn sich Perfektionisten so in ihren Groll hineinsteigern, kommt man nur noch schwer an sie heran. Sie verlieren den Blick für die Realität und nahe liegende Lösungen. Das Blatt kann sich erst wieder wenden, wenn sie einen Abstand zum Problem gewinnen. Dann gelingt es einem Perfektionisten eher, sich zu öffnen.

Unter Stress kann der Blick für die Realität verloren gehen

Körperliche Bewegung ist ein wichtiges Ventil und kann sehr hilfreich dabei sein, die notwendigen Dinge mit mehr Gelassenheit anzugehen. Nüchterne Faktenklärung ist der erste Schritt. Danach ist es wichtig, die bestehenden Lösungsmöglichkeiten nach der idealen Lösung zu sondieren (nicht nach der perfekten). Danach sieht manches schon ganz anders aus.

DIE NEUE PERSPEKTIVE:

Als Herr Apel den Besprechungsraum betritt, ist er angespannt und nervös. *„Meine Herren, mich haben vor kurzem Gerüchte bezüglich der Auslagerung der Buchhaltung erreicht, nach denen ich die Existenz meiner Abteilung gefährdet sehe ..."*

„Es tut uns Leid, dass Sie auf diese Weise davon erfahren haben. Das hätte so nicht passieren dürfen. Ein mögliches Outsourcing von Teilen der Buchhaltung, es geht hier konkret um die Lohnbuchhaltung, ist aber nur eine von vielen Möglichkeiten, die wir derzeit diskutieren, um die uns davonlaufenden Kosten zu reduzieren."

Herr Apel entspannt sich leicht, als seine Chefs sich entschuldigen. Die Kostensituation ist ihm als Leiter der Buchhaltung schon lange bewusst. *„Ich sehe eine Reihe von Möglichkeiten, Kosten zu sparen ...",* beginnt er vorsichtig und als er merkt, dass seine Vorgesetzten interessiert zuhören, fährt er fort: *„... aber ich sehe eine höhere Effektivität und Effizienz in gezielten Einzelmaßnahmen, zum Beispiel ...".*

Die Vorgesetzten können Herrn Apel zwar nicht in allen Punkten zustimmen, beschließen aber, die angeregte Diskussion fortzuführen. Sie vereinbaren zwei weitere Termine in der nahen Zukunft und bitten Herrn Apel, seine Vorschläge schriftlich zu konkretisieren. Sie verabschieden sich mit den Worten: *„Wir schätzen ihre Kompetenz und Zuverlässigkeit und zählen auch in Zukunft auf Sie, Herr Apel".*

Gut gelaunt verlässt Herr Apel das Büro heute eine Stunde früher als sonst und gönnt sich einen spontanen Ausflug ins Thermalbad.

Perfektionisten öffnen sich, wenn ihre Vorgesetzten eigene Fehler eingestehen und man ihnen vermittelt, sie hätten nicht falsch gehandelt. Das holt sie raus aus der Spirale des unter-drückten Zorns und zurück an den Verhandlungstisch. Motivation wird zurückgewonnen und konstruktive Lösungsenergie freigesetzt. Das schafft neue Perspektiven und Perfektionisten können es sich erlauben, zu entspannen und zu genießen.

Perfektionisten öffnen sich, wenn man ihnen vermittelt, sie hätten nicht falsch gehandelt

Perfektionisten, die diesen Weg gehen, begegnen den Dingen mit mehr Gelassenheit. Sie reagieren flexibler, können die Perspektive des Gegenübers besser nachvollziehen und sie werden humorvoller. Sie können jetzt über sich selbst lachen, wenn sie die Dinge doch mal wieder allzu genau nehmen.

3.3.2 Werte- und Entwicklungsquadrate für Perfektionisten

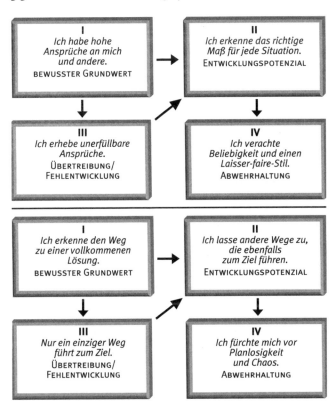

79

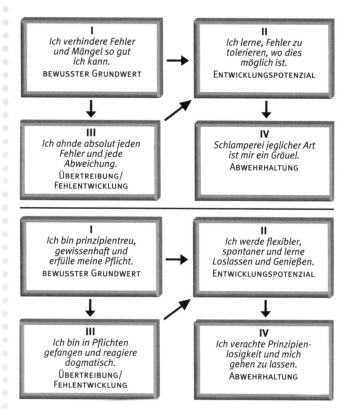

3.3.3 Tipps für Perfektionisten und ihr Selbstmanagement

- Für Perfektionisten ist zunächst die Einsicht notwendig, dass sie unter ihrem latenten Groll leiden und dass es ihnen gut täte, sich in Gelassenheit und Genießen zu üben. Sie versuchen jedoch, dieses Ziel sehr musterhaft zu erreichen – mit planvollem Vorgehen und innerer Maßregelung: *„Freitags von 15 bis 19 Uhr tue ich nichts und genieße mein Leben ..."* Das kann nicht funktionieren.
- Für Perfektionisten ist es wichtiger, Dinge zu tun, bei denen es auf Spontaneität und Humor ankommt. Belegen Sie zum Beispiel einen Schauspiel-, Kabarett- oder Clownkurs oder schließen Sie sich einer Laientheatergruppe an.
- Lernen Sie, was „gut genug" bedeutet. Perfektionisten verwechseln das Optimum mit dem Maximum. Sie investieren unverhältnismäßig viel Zeit und Energie in kleinste Detail-

verbesserungen, bei denen Aufwand und Ertrag in keinem sinnvollen Verhältnis mehr stehen. Immer sicherer zu erkennen, was das „richtige Maß" ist, ist ein wichtiges Übungsfeld für Sie.

- Auch wenn sich Perfektionisten noch so kontrollieren, die anderen merken es, wenn sie nicht einverstanden sind. Ihr kritischer Blick und ihre angespannte Haltung sprechen Bände. Paradox aber hilfreich – senden Sie an andere die Botschaft: *„Ihr dürft auch Fehler machen!"* Das nimmt auf beiden Seiten den Druck und die Fehlerquote sinkt.

EINE KLEINE ÜBUNG FÜR DIE NÄCHSTEN VIER WOCHEN:

Nehmen Sie sich am Ende des Arbeitstages ein paar Minuten Zeit und denken Sie darüber nach, ob Sie heute auf irgendwen oder irgendwas wütend waren. Halten Sie kurz inne, schauen Sie sich den Anlass innerlich noch einmal an. Gehen Sie auf Distanz, „zoomen" Sie vor und zurück und prüfen Sie für sich die Frage, ob der Anlass es wirklich wert ist, dass Sie sich weiter engagieren. Halten Sie die Ergebnisse in einem kleinen Tagebuch fest, damit Sie sich jederzeit daran erinnern können.

3.3.4 Tipps für einen guten Umgang mit Perfektionisten

- Ordnung und Struktur sind Perfektionisten wichtig. Halten Sie sich im Umgang mit ihnen an Regeln und den Dienstweg und halten Sie sich mit Gefühlsäußerungen zurück.
- Achten Sie auf Ihren Ton, insbesondere wenn es um Kritik geht. Perfektionisten fürchten kaum etwas mehr als Kritik und Strafe. Statt ihnen zu widersprechen, stellen Sie lieber offene „Was-wäre-wenn-Fragen". Es erscheint paradox, dass ausgerechnet jene, die so gut Kritik austeilen können, so empfindlich sind, wenn sie selbst zur Zielscheibe werden. Erinnern Sie sich daran, dass die Hauptmotivation von Perfektionisten ist, eigene Fehler zu vermeiden. Gehen Sie insgesamt sehr achtsam mit dem heiklen Thema Autonomie und Grenzverletzung um.
- Wenn Sie merken, dass ein Perfektionist wütend wird – er oder sie merkt das selber meist noch nicht – dann fragen Sie nach: *„Stört Sie etwas? Haben Sie Änderungswünsche?"* Seien Sie darauf vorbereitet, dass eine Antwort auf diese Frage vielleicht erst mit einiger Verzögerung kommt.

- Räumen Sie Fehler unumwunden ein. Dann bieten Sie Perfektionisten erst gar keine Angriffsfläche. Bemühen Sie sich auch selbst um ein gewisses Maß an Fehlervermeidung. Das baut Brücken, denn Perfektionisten haben oft den Eindruck, nur sie würden dies im Blick haben.
- Wenn Sie das Gefühl haben, dass sich ein Perfektionist im Detail verrennt, dann erinnern Sie ihn daran, was die vereinbarte Norm ist und dass deren Erreichung Priorität vor weiteren Verbesserungen hat.
- Versuchen Sie einmal, dem versteckten Humor von Perfektionisten auf die Spur zu kommen. Sie werden überrascht sein, denn hier schlummert ein Quell für Büttenreden ...
- Perfektionisten wollen hoch hinaus. Ihre natürliche Neigung zu Qualitätskontrolle, reformorientierter Planung und Buchhaltung lässt sich in Unternehmen/Organisationen gut einbringen – geben Sie dem Raum.

3.3.5 Erfahrungsberichte aus der Praxis

CHRISTOPH, 40 JAHRE, FREIBERUFLICHER UMWELTBERATER

Eine wichtige Erkenntnis für mich ist, dass es nicht nur eine richtige Lösung gibt. Ich war meistens fixiert auf meine Wahrheit und meinen Weg als den allein selig machenden. Bei der Entdeckung der Vielfalt der Perspektiven hat mich überrascht, dass die anderen Profile in ihrer mir so fremden Art oft genau so gute Lösungen produzieren, manchmal sogar bessere.

Vor kurzem hatte ich eine Posterpräsentation mit vier Stellwänden zu installieren. Ich hatte die klare Vorstellung, dass die Präsentation nur gut wirkt, wenn alle Segmente unmittelbar nebeneinander stehen. Der Tagungsorganisator erwies sich jedoch als hartnäckig und überredete mich, eine Variante mit zweimal zwei Segmenten auszuprobieren. Ich war sehr überrascht, wie gut das aussah.

Eine weitere wichtige Einsicht ist, dass nicht alle Menschen 100 Prozent als Messlatte anlegen, wenn sie etwas tun. Bei Aufträgen kläre ich heute rasch den geforderten Qualitätsstandard ab. Seither arbeite ich entspannter und effizienter, verzettele mich weniger in (überflüssigen) Details und kann Zeitpläne besser einhalten.

BARBARA, 53 JAHRE, NOTARIN

Was ich heute anders mache als früher? Ich gehe entspannter ins Büro. Ich schaue mehr auf das, was klappt und funktioniert. Die Fehler bekommen weniger Aufmerksamkeit. Ich habe dann das Gefühl, mehr richtig zu machen. In diesem Zustand trauen meine Mitarbeiter sich auch, etwas zu sagen, wenn sie etwas wollen oder ihnen etwas nicht passt. Auch sie sind entspannter.

Wenn ich bei der Arbeit einen Fehler entdeckt habe, dann habe ich früher darauf bestanden, dass er sofort in Ordnung gebracht wird. Oft habe ich damit eine Verweigerung provoziert. Heute sage ich: *„Es ist nichts, was uns umbringt, aber in drei Tagen sollte das erledigt sein."* Und das klappt dann. Die Mitarbeiter brauchen Zeit, um sich das bewusst zu machen, dass erstens ein Fehler passiert ist, sie zweitens eine Verantwortung dafür tragen und sie ihn drittens abstellen müssen. Ich war da viel zu ungeduldig.

Ich bin auch besser im Zuhören geworden und habe gelernt, Wünsche zu äußern und um Hilfe zu bitten. Das konnte ich früher kaum. Und ich schaffe mir Freiräume, reduziere Pflichten, zum Beispiel habe ich gerade nach langem Ringen zwei Ehrenämter abgegeben.

3.4 Beziehungsorientierung –
Wohlmeinende Helfer

AUF EINEN BLICK

- herzlich
- einfühlsam
- verständnisvoll
- einsatzbereit
- Anteil nehmend

- unterstützend
- Rat gebend
- aufopferungsvoll
- flexibel
- vielseitig

Niemand hilft so gut wie ich.
Warum nimmt mir das bloß niemand ab?
Ulf Tödter

Ein Schmeichler ist einer, der Dinge zu dir sagt,
die er hinter deinem Rücken nicht sagen würde.
G. Millington

Was deinen Gegnern nicht gelingt,
werden die Schulterklopfer schaffen.
nach Rudolf Hagelstange

Mancher ertrinkt lieber, als dass er um Hilfe ruft.
Wilhelm Busch

Wer sich in Dinge einmischt, die ihn nichts angehen,
wird bald Dinge hören, die ihm ganz und gar nicht gefallen.
aus Ägypten

Ich bin immer in Hilfsbereitschaft.
Ulf Tödter

Wer klug zu dienen weiß, ist halb Gebieter.
aus China

3.4.1 Businessprofil von Helfern

GRUNDSTIL UND BERUFLICHE ENTWICKLUNG:

Ann-Kathrin Schneider ist 47 Jahre alt, Bürokauffrau und Fremdsprachenkorrespondentin. Sie arbeitet seit fast 20 Jahren als Büroleiterin in einer renommierten Anwaltskanzlei, die auf deutsches und europäisches Patentrecht spezialisiert ist und weltweit kooperiert. Die Kanzlei gehört vier Partnern und beschäftigt acht weitere Fachanwälte sowie neun Mitarbeiter in der Verwaltung. Frau Schneider leitet das Büro und ist zudem zuständig für den Empfang und die Betreuung wichtiger Klienten sowie für die Organisation von Sitzungen, Besprechungen und Dienstreisen der vier Partner.

Mit dem Gründer der Kanzlei, Herrn B., verbindet Frau Schneider eine besondere Beziehung. Er war bereits vor 25 Jahren ihr Chef, als er noch Leiter der Rechtsabteilung eines großen deutschen Technologie-Unternehmens war. Herr B., heute eine Koryphäe in seinem Fachgebiet, verließ das Unternehmen damals wegen Unstimmigkeiten mit der Konzernleitung und bot seiner damaligen Sekretärin an, ihm in die Selbstständigkeit zu folgen. Frau Schneider akzeptierte und war so von Anfang an maßgeblich am Aufbau der Kanzlei beteiligt. In den ersten fünf Jahren leistete sie jährlich mehr als 500 Überstunden. Viele hat sie gar nicht aufgeschrieben.

Frau Schneider hält ihren Chefs den Rücken frei. Sie kennt deren Wünsche und Vorstellungen meist im Voraus und muss nur selten nachfragen. Es ist ihr wichtig, dass ihre Vorgesetzten, ihre Mitarbeiter und die Klienten sich wohl fühlen. Herr B. und seine Partner schätzen Frau Schneiders Kompetenz, ihre Zuverlässigkeit, ihr gutes Einfühlungsvermögen und ihre Erfahrung. Sie verlassen sich auf sie. Sie genießt das besondere Vertrauen des Seniorpartners, Herrn B. Wenn ihre Chefs sie loben, winkt Frau Schneider bescheiden ab. *„Das ist doch nicht der Rede wert"*, antwortet sie dann oft. Insgeheim ist sie jedoch stolz auf ihre Leistungen.

Frau Schneider hat eine für das Persönlichkeitsprofil des Helfers durchaus typische Karriere durchlaufen: als rechte Hand einer starken und kompetenten Persönlichkeit.

Helfer sind flexibel und vielseitig in Bezug auf die Inhalte ihrer Arbeit. Im Mittelpunkt der Aufmerksamkeit stehen bei

Flexibel und vielseitig in Bezug auf Arbeitsinhalte

Menschliche Beziehungen stehen im Mittelpunkt

diesem Persönlichkeitsprofil die menschlichen Beziehungen. Im Windschatten eines Chefs, zu dem sie aufschauen, fühlen sie sich wohl und arbeiten zuverlässig und aufopferungsvoll. Sie können sich gut in andere Menschen einfühlen und achten darauf, dass alle für sie wichtigen Menschen in ihrer Umgebung sich wohl fühlen. Ist dies der Fall, dann können sie ganz in ihrer Rolle und Aufgabe aufgehen, agieren vorausschauend und souverän. Helfer sind Meister darin, anderen ihre Wünsche „von den Lippen abzulesen". Bei ihren Chefs machen sie sich mit dieser Art und ihrer Loyalität oft unentbehrlich.

FÜHRUNGSSTIL:

Ihre acht Mitarbeiter hat Frau Schneider persönlich ausgewählt und sie ihren Chefs zur Einstellung vorgeschlagen. *„Ich pflege zu jedem eine persönliche Verbindung und habe einen guten Blick für das Potenzial jedes Einzelnen"*, sagt Frau Schneider. Sie fördert ihre Mitarbeiter gezielt, organisiert die monatlichen Büroversammlungen sowie zweimal jährlich Betriebsausflüge.

Sechs der acht Mitarbeiter arbeiten schon seit mehr als zehn Jahren für die Kanzlei und zu mehreren pflegt sie auch private Kontakte. Die Familie von Herrn B. unterhält eine freundschaftliche Beziehung zu Frau Schneider. Darauf ist sie besonders stolz. Um die beiden jüngsten Mitarbeiter, die erst seit einem halben Jahr in der Kanzlei beschäftigt sind, kümmert sich Frau Schneider intensiv. Sie gibt ihnen detaillierte Einweisungen und achtet auf die sorgfältige Erledigung der Arbeiten.

Wollen auch als Führungskraft gemocht werden

Helfer pflegen einen „familiären" Führungsstil. Auch als Führungskraft wollen sie gemocht werden. Sie dirigieren aus der Mitte heraus und achten darauf, dass der Herde kein Schaf verloren geht. Ein gutes Betriebsklima ist ihnen wichtig. Sie haben einen guten Blick für das Potenzial ihrer Mitarbeiter und fördern diejenigen, die sie mögen.

Neigen dazu, sich ungefragt einzumischen

Die Trennung zwischen Beruflichem und Privatem fällt Helfern schwer. Sie neigen dazu, sich ungefragt einzumischen. Das kann zu Problemen im Betrieb führen. Kritisiert man sie dafür, reagieren sie schnell beleidigt, denn sie haben es ja schließlich „nur gut gemeint". Helfer tun sich auch schwer, zu delegieren. Wenn etwas liegen bleibt, sind sie versucht, es selbst zu erledigen, auch wenn sie gar nicht zuständig sind.

ENTSCHEIDUNGEN:

Entscheidungen zu treffen fällt Frau Schneider in ihrem Zuständigkeitsbereich leicht. Sie weiß, was gut für ihre Chefs und ihre Mitarbeiter ist. Sie ist die am besten informierte Person im Betrieb. Die beiden jüngeren Mitarbeiter sagen über sie: *„Sie ist die heimliche Chefin hier, die graue Eminenz. An ihr läuft kaum etwas vorbei."*

Manche Entscheidungen fallen Frau Schneider hingegen schwer. *„Menschen weh tun zu müssen, die ich mag, ist für mich ganz schrecklich. Mein schlimmster Moment war, als ich eine langjährige Mitarbeiterin von ihrer Aufgabe entbinden musste, weil sie Anpassungsprobleme an die neuen Technologien hatte und so die erforderlichen Leistungen nicht mehr erbringen konnte. Ich habe das lange hinausgeschoben, obwohl ich es gesehen habe."*

Helfern fehlt es oft an Abstand zu den Dingen, die sie erledigen. Sie personalisieren Aufgaben. Die Person, für die sie etwas tun, macht die Qualität der Aufgabe aus, nicht die Sache an sich. Sie kommen in Schwierigkeiten, wenn Entscheidungen zu treffen und zu kommunizieren sind, die anderen weh tun. Dann kann es zu Verzögerungen oder Blockaden kommen. *Helfer personalisieren Aufgaben*

Helfer brauchen zudem immer wieder die Bestätigung von den Menschen, von denen sie gemocht werden wollen – egal, ob es sich dabei um Chefs, Kollegen oder Mitarbeiter handelt. Sie müssen immer wieder hören, dass sie eine gute Entscheidung getroffen haben. *Brauchen immer wieder Bestätigung*

ZEITMANAGEMENT:

Frau Schneider versucht, ihre Zeit gut und gezielt zu organisieren, wobei ihr ihre Erfahrung zugute kommt. Sie reagiert auf sich verändernde Anforderungen seitens ihrer Vorgesetzten positiv und vorausschauend. Stehen außergewöhnliche Dinge an, ist sie selbstverständlich bereit, sich diesen ganz zuzuwenden. Sie leistet dann Überstunden, ohne dass sie gefragt werden muss, und erledigt die Routinearbeiten nach Büroschluss oder an Wochenenden, wenn alle anderen bereits zu Hause sind.

„Ich gerate in Zeitstress, wenn ich mich ausgeschlossen fühle. Letzten Herbst hatten sich die vier Kanzleipartner mehrfach in Klausur begeben. Ich hatte keine Ahnung, worum es ging und war total verunsichert. Ich habe zwei wichtige Buchungsfristen versäumt und es sind noch einige weitere Patzer passiert. So etwas ist noch nie vorgekommen. Als ich dann hörte, dass es um die Trennung von einem Kooperationspartner in den USA ging, den ich persönlich gar nicht kenne, ging es mir gleich besser. "

Wenn sich Helfer wohl fühlen, ist Zeitmanagement kein Problem. Sie agieren vorausschauend und sind gut organisiert. Mehrleistungen sind selbstverständlich, wenn sie sich wohl fühlen. Dann engagieren sich Helfer geradezu aufopferungsvoll. Geraten sie jedoch unter Druck oder in die Kritik, werden sie planlos und unsicher. Die Angst vor Beziehungsverlust und Kritik bindet die gesamte Aufmerksamkeit. Das kann bei Helfern auch zu einer Zeitfalle werden. Selbst einfachste Dinge bleiben liegen und die Fehlerquote erhöht sich.

Unter Druck bindet die Angst vor Beziehungsverlust und Kritik die gesamte Aufmerksamkeit

UNTER STRESS:

Seit einem Monat geht es Frau Schneider nicht gut. Zum ersten Mal seit vielen Jahren war sie eine Woche krank geschrieben. Herr B. hatte seinen sechzigsten Geburtstag gefeiert. Frau Schneider war an der Vorbereitung der Feier beteiligt. Aus diesem Anlass hatte Herr B. verkündet, sich zum Jahresende aus dem Geschäft zurückzuziehen. Er hat einen neuen Partner für die Kanzlei vorgestellt, der seine Anteile und sein Fachgebiet übernehmen wird. Mit den anderen Partnern war diese Entscheidung vorher abgestimmt.

Frau Schneider hatte er jedoch nicht vorher informiert. Sie fühlt sich ausgeschlossen und ist persönlich tief gekränkt. Als sie wieder zur Arbeit erscheint ist sie blass, wortkarg und verschlossen. Sie erledigt ihre Arbeit ohne mit den Mitarbeitern oder Chefs mehr als das Nötigste zu sprechen. Die Büromitarbeiter sind verunsichert, wagen aber nicht, Frau Schneider darauf anzusprechen. Schließlich handelt Herr B. und bittet Frau Schneider zu einem Gespräch zu sich.

Helfer sind tief verletzt, wenn enge Bezugspersonen (hier der Chef) sie nicht oder nicht mehr in ihre Entscheidungen einbeziehen. Sie nehmen Ausgrenzungen sehr persönlich und fühlen sich als ganze Person abgelehnt. Sie können da nur schwer differenzieren. Dann ziehen sie sich zurück und es fällt ihnen schwer, über ihre verletzten Gefühle zu sprechen.

Helfer nehmen Ausgrenzungen sehr persönlich

Aus der Perspektive von Helfern sind die anderen die Hilfsbedürftigen. Sie selbst brauchen keine Hilfe. Geraten sie in eine Krise, kann ihnen diese Art zum Verhängnis werden. Die Einsicht, wie abhängig sie davon sind, gemocht zu werden, ist für Helfer sehr schmerzhaft. Werden Sie unter Stress bedrängt, kann es auch passieren, dass sie vorwurfsvoll und bevormundend reagieren.

Aus der Perspektive von Helfern sind alle anderen die Hilfsbedürftigen

DIE WENDE:

Frau Schneider nimmt auf dem ihr angebotenen Stuhl Platz. Sie wirkt steif und förmlich. Die Atmosphäre ist angespannt. Herr B. leitet das Telefon in die Zentrale um und blickt Frau Schneider direkt in die Augen: *„Ann-Kathrin, die Entscheidung, mich zurückzuziehen, ist mir nicht leicht gefallen. Es war die schwerste in meiner ganzen Laufbahn. Ich liebe meine Arbeit. Uns beide verbindet ein langer gemeinsamer Weg. Ich habe Ihnen immer voll vertraut, aber diese Entscheidung musste ich allein treffen. Es ist eine Entscheidung für ein Leben nach dem Beruf und für mehr Zeit mit meiner Familie. Sie wissen ja, dass bei meiner Frau MS diagnostiziert wurde. Sie hat noch viel vor in ihrem Leben und da will ich dabei sein.*

Jetzt, wo ich die Entscheidung getroffen habe, bin ich sehr erleichtert. Die Büroleitung liegt bei Ihnen in guten Händen und ich würde mich freuen, wenn Sie meinen Partnern und meinem Nachfolger auch in Zukunft mit Rat und Tat zur Seite stehen würden. Ich schätze Ihre Loyalität, Ihre Kompetenz und Ihre Leistungen, die Sie für die Kanzlei und auch für mich persönlich erbracht haben. Ich ziehe mich zwar aus der Kanzlei zurück, werde aber die gemeinnützigen Stiftungen, die ich für einige Klienten verwalte, weiter betreuen. Ich brauche jemand, der diese Arbeit für mich koordiniert und mir das Sekretariat führt. Wenn Sie mögen, kann ich Ihnen diese Aufgabe anbieten.

Aber ich will ehrlich sein. Diese Aufgabe würde Sie nicht auslasten. Ich rechne mit einer Sechzig- bis Siebzigprozent-Stelle,

> die Bezüge wären um fast die Hälfte niedriger und fachlich
> halte ich Sie für unterfordert. Überlegen Sie es sich. Sie wären
> allerdings für die Kanzlei ein großer Verlust. "

In einer Krise brauchen Helfer Unterstützung von außen. Insgeheim wünschen sie sich, dass man auf sie zugeht und sie aus ihrer Not befreit. Aber die Hilfe muss auch von der richtigen Seite kommen. Selbst darum zu bitten fällt ihnen schwer.

Für Frau Schneider kommt die Wende, als sie durch die Offenbarungen ihres Chefs erkennt, dass dieser keine Entscheidung gegen sie, sondern für sich selbst getroffen hat. Helfer reagieren positiv auf Bedürfnisse. Wenn sie selbst nichts tun können (obwohl sie es gern würden), um das Bedürfnis eines anderen zu befriedigen, schmerzt das zwar, aber sie können dies einsehen und akzeptieren.

Für sie ist wichtig, dass die Beziehung zur Person, die ihnen so am Herzen liegt, nicht grundsätzlich bedroht ist. Dann können sie sich auch auf unangenehme Veränderungen einlassen.

DIE NEUE PERSPEKTIVE:

Frau Schneider ist gerührt. Sie fühlt sich geschmeichelt von diesem Angebot und ist zugleich auch erleichtert. Sie hat jetzt eine Wahl und vor allem spürt sie, dass das Beziehungsband zu ihrem Chef ungebrochen ist – auch wenn er die Kanzlei verlassen wird. *„Es wäre schlimm für mich gewesen, wenn ich mich all die Jahre so in ihm getäuscht hätte."*

Jetzt hat sie Zeit, sich die ganze Sache durch den Kopf gehen zu lassen und vielleicht ergeben sich in den kommenden Monaten ja auch noch ganz neue Möglichkeiten.

Frau Schneider beschließt, Urlaub einzureichen und erstmals seit vielen Jahren wieder zu verreisen: sechs Wochen Australien, Neuseeland und Polynesien. Davon hat sie schon immer geträumt.

Frau Schneider kann der Veränderung nun sogar etwas Positives abgewinnen und sie zum Anlass nehmen, sich ihren eigenen Bedürfnissen zuzuwenden, die lange vernachlässigt waren.

Helfer, die sich auf diesen Weg gemacht haben, werden selbstständiger und handeln autonomer. Sie folgen ihren Wünschen und Bedürfnissen und nehmen sich Zeit, brach liegende Talente zu entfalten. Sie lernen, sich bei anderen nicht mehr ungefragt einzumischen, sondern nachzufragen oder zu warten, bis sie gerufen werden.

Sie leisten nur noch Hilfe zur Selbsthilfe, gerade so viel, damit derjenige dann wieder selbst klarkommt. Und sie leisten sie nur dort, wo sie wirklich notwendig ist und ziehen sich dann wieder zurück. Oft ergeben sich dann ganz neue Perspektiven und Pläne für das eigene Leben.

3.4.2 Werte- und Entwicklungsquadrate für Helfer

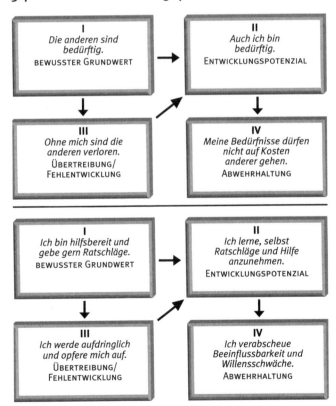

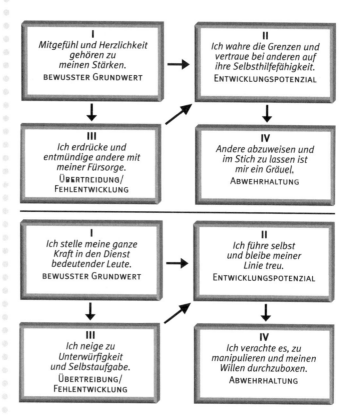

3.4.3 Tipps für Helfer und ihr Selbstmanagement

- Helfer wollen gemocht werden für den großen Einsatz, den sie für andere bringen. Sie suchen nach Bestätigung und Anerkennung jener, die sie bewundern und respektieren.
- Werden Sie sich bewusst, wie sehr Sie davon abhängen, gemocht zu werden. Das ist der Schlüssel für Ihre persönliche Entwicklung.
- Weitere Schlüsselfragen für Helfer sind: Welche Wünsche und Bedürfnisse habe ich mir noch nie eingestanden? Welche meiner Talente kommen nicht zur Entfaltung? Was würde ich gern einmal ausprobieren – ganz egal ob es anderen gefällt? Probieren Sie sich aus und bleiben Sie am Ball. Sie dürfen guten Gewissens auch an sich denken.
- Halten Sie sich zurück, wenn Sie sich dabei ertappen, wie Sie sich wieder mit gutem Rat und guter Tat in das Leben

anderer einmischen wollen. Fragen Sie nach, ob Ihr Engagement erwünscht ist. Vielleicht will Ihr Gegenüber seine Probleme lieber selbst lösen.

- Sie sind Experte/Expertin im Geben. Üben Sie sich im Annehmen – und zwar ohne unmittelbare Gegenleistung.
- Helfer müssen lernen, ganz direkt und unmissverständlich um etwas zu bitten, was sie wirklich gern möchten. Das Gefühl, zu kurz zu kommen, ist ein wichtiger Hinweis. Auch Lob zu akzeptieren, ohne es abzuwerten, ist eine wichtige Übung.
- Entwickeln Sie ein Gefühl für die Menschen, die Ihnen spontan unsympathisch sind. Vielleicht vergeben Sie große Chancen für besonders wertvolle Freundschaften.

EINE KLEINE ÜBUNG FÜR DIE NÄCHSTEN VIER WOCHEN:

Nehmen Sie sich jeden Tag ein paar Minuten Zeit, um sich Gedanken zu machen, womit Sie sich heute verwöhnen können – ganz für sich allein, ohne auf andere angewiesen zu sein. Fangen Sie dabei klein an und tun Sie es ohne schlechtes Gewissen, auch wenn andere Dinge dafür warten müssen.

3.4.4 Tipps für einen guten Umgang mit Helfern

- Seien Sie persönlich. Das ist der Schlüssel zu Helfern. Sprechen Sie ohne zu jammern über Ihre Bedürfnisse. Helfer reagieren auf Bedürfnisse.
- Wenn ein Helfer Sie mag, versucht er, Ihnen Ihre Wünsche von den Augen abzulesen. Wird Ihnen das zu eng, reagieren Sie mit einer Doppelbotschaft: *„Ich schätze Ihre Anteilnahme, aber das muss ich jetzt allein lösen".* Eine bloße Zurückweisung ist für Helfer die Höchststrafe.
- Seien Sie großzügig mit Lob, Bestätigung und Zuneigung. Emotionaler Beifall ist das Lebenselixier für einen Helfer. Aber heucheln Sie nicht, denn Helfer haben dafür ein feines Gespür. Außerdem wollen sie nicht von jedem gemocht werden.
- Erwarten Sie auf die Frage, was ein Helfer selbst braucht, keine konkrete Antwort. Das wissen diese nämlich oft selbst nicht.
- Helfer sind für andere gern Muse und Mentor. Dabei könnten sie selbst oft einen Mentor gebrauchen. Doch das verbietet ihnen ihr Stolz. Bieten Sie sich als Unterstützer an, wenn ein

Helfer zu ihnen aufschaut. Aber leisten Sie nur Hilfe zur Selbsthilfe.

- Versuchen Sie nicht, besser zu helfen als ein Helfer. Sie werden dann zu einem Konkurrenten und provozieren einen Kampf um die Revierhoheit.
- Fördern Sie die Selbstständigkeit und Autonomie von Helfern. Vermitteln Sie ihnen, dass Sie an sie glauben. Wichtig ist aber, dass Helfer dies für sich selbst tun und nicht, um anderen zu gefallen. Und wenn Sie sich bei einem Helfer bedanken wollen, dann geben Sie etwas von Herzen (bloß nicht aus Pflichtgefühl). Achten Sie darauf, nicht zu viel zu geben, denn Helfer haben dann das Gefühl, in Ihrer Schuld zu stehen und das ist schwer auszuhalten. Annehmen zu lernen ist für Helfer harte Arbeit.

3.4.5 Erfahrungsberichte aus der Praxis

MAXIM, 37 JAHRE, PRODUKTIONSLEITER IN EINER BRAUEREI

Ich habe zehn Jahre als Assistent des Produktionsleiters in unserem Unternehmen gearbeitet. Meinen Chef – der das Profil des Kämpfers hat – habe ich immer sehr bewundert für seine Durchsetzungskraft und seine Souveränität im Umgang mit schwierigen Situationen. Wir waren ein Super-Team.

Er ist dann vor zwei Jahren in die Geschäftsleitung aufgestiegen und ich habe seinen Posten angeboten bekommen. Ich fühlte mich geschmeichelt, hatte aber auch Angst vor der Verantwortung einer Führungsaufgabe. Ich wusste nicht, ob ich das ausfüllen kann und hatte einige schlaflose Nächte, denn Führung macht auch einsam. In der zweiten Reihe habe ich mich wohl gefühlt. Ich habe die Herausforderung dann aber angenommen und bin ins kalte Wasser gesprungen. Mein Ex-Chef hatte mich dazu ermutigt. Ich machte die Erfahrung, auch in eisigem Wasser schwimmen zu können. Ich habe gelernt, Schläge wegzustecken und mich persönlich besser abzugrenzen, ohne dabei meine fürsorgliche Art aufzugeben. Das ist ja auch eine meiner großen Stärken, für die ich von meinen Mitarbeitern geschätzt werde.

ULRIKE, 42 JAHRE, YOGA-LEHRERIN

Die für den beruflichen Bereich wichtigste Einsicht war, wie hoch das Potenzial des Übergreifens bei mir ist. Ich arbeite als Yoga-Lehrerin und ertappe mich immer wieder dabei, dass ich mich (in guter Absicht) in Dinge einmische, die ich besser der Eigenentwicklung der Leute überließe. Besonders auffällig war es in den Yoga-Kursen für Schwangere, die ich früher gegeben habe. Da gab es eine große Bedürftigkeit bei den Teilnehmerinnen und ich war überengagiert bei der Unterstützung der Frauen. Glücklicherweise bin ich damit nicht auf Widerstand gestoßen. Die Frauen haben meine Fürsorge mit großer Dankbarkeit angenommen. Ich habe da ein paar ganz konkrete Fälle vor Augen, bei denen ich mich mit dem Bedürfnis zu helfen eingemischt habe ... In diese Falle bin ich immer wieder getreten, denn hinterher war meine Batterie völlig leer. Ich habe nur noch auf dem Notstromaggregat funktioniert. Heute achte ich viel mehr darauf, dass mein Energiehaushalt in Takt bleibt und komme nach den Kursen meist gestärkt und aufgetankt nach Hause.

3.5 Wettbewerbsorientierung – Dynamische Erfolgsmenschen

AUF EINEN BLICK

- leistungsbereit
- ehrgeizig
- belastbar
- aufstrebend
- wettbewerbsorientiert

- effektiv
- effizient
- imagebewusst
- statusorientiert
- charmant

Erfolg kommt von etwas Sein,
etwas Schein und etwas Schwein.
Philipp Rosenthal

Von jetzt an werden wir nicht mehr einfach unseren Weg ge-
hen. Nein, wir werden rennen, ja springen, um die Spitze des
Marktes zu erklimmen.
Chris Sinclair

Die Grundlage des Erfolgs ist eine klare Linie
mit hinreichend vielen Abzweigungen.
Helmar Nahr

Der Preis des Erfolges ist Hingabe, harte Arbeit und unabläs-
siger Einsatz für das, was man erreichen will.
Frank Lloyd Wright

Erfolg hört nur auf Applaus. Für alles andere ist er taub.
Elias Canetti

Der Mensch ist Mittel. Punkt!
Unbekannt

Bei den Erfolgsmenschen ist oft der Erfolg größer
als die Menschlichkeit.
nach Daphne du Maurier

3.5.1 Businessprofil von Erfolgsmenschen

GRUNDSTIL UND BERUFLICHE ENTWICKLUNG:

Bettina Krüger ist 29 Jahre alt und seit einem Jahr als stellvertretende Marketingleiterin in einem Verlagsunternehmen beschäftigt. Das Unternehmen produziert Wochen- und Monatszeitschriften für Kinder und Jugendliche. Frau Krüger hat Medienwissenschaften studiert und ist von einem Konkurrenzunternehmen in den Verlag gewechselt. Dort war sie drei Jahre als Produktmanagerin beschäftigt. Sie wurde von einem Headhunter abgeworben.

Ihre derzeitige Hauptaufgabe besteht darin, eine neue Marketingstrategie für die Zeitschriften für Kinder im Grundschulalter zu entwickeln. Das Verlagsunternehmen befindet sich in einem harten Konkurrenzkampf mit dem Marktführer, Frau Krügers früherem Arbeitgeber.

Die Arbeit macht Frau Krüger viel Spaß. Sie hat ein klares Ziel und kann weitgehend eigenständig arbeiten. Das Verhältnis zu ihrer Chefin ist exzellent. Frau Krüger legt großen Wert auf ihr äußeres Erscheinungsbild und wirkt immer kompetent. Zudem bietet das neue Unternehmen gute Aufstiegsmöglichkeiten.

Frau Krüger repräsentiert das Persönlichkeitsprofil des dynamischen Erfolgsmenschen: zielorientiert, leistungsbereit und aufstrebend. Diese Menschen haben eine sehr schnelle Auffassungsgabe, sind ehrgeizig und können hart arbeiten. Sie mögen ein Umfeld, wo Leistungen gemessen und belohnt werden, denn Konkurrenz und Wettbewerb sind für sie motivierend. Sie treten an, um zu gewinnen.

Konkurrenz und Wettbewerb wirken motivierend

Im persönlichen Umgang fallen sie dadurch auf, dass sie gut motivieren können, über viel Charme verfügen und gern im Mittelpunkt stehen. Sie neigen aber auch dazu, ein bisschen „dick aufzutragen". Verlieren können gehört hingegen nicht zu ihren Stärken.

FÜHRUNGSSTIL:

Frau Krüger ist kommunikativ und pflegt einen lockeren Umgang mit den Mitarbeitern der Abteilung. Sie weiß, was von ihr erwartet wird und tut alles, um erfolgreich zu sein. Sie konzentriert sich voll und ganz auf die aus ihrer Sicht prioritäre Aufgabe der Strategieentwicklung und delegiert andere Dinge konsequent.

Seit sie vor vier Wochen ihre neue Aufgabe übernommen hat, hat Frau Krüger bereits einen zwanzigseitigen Entwurf für ein Grundkonzept zur strategischen Neuausrichtung der Verlagssparte entwickelt, das sie so bald wie möglich mit ihrer Chefin besprechen will. Der Konkurrenzkampf mit ihrem früheren Arbeitgeber spornt sie an.

Die Mitarbeiter sind beeindruckt von Frau Krügers Einsatz und Arbeitspensum, fühlen sich mitunter aber von ihrem Elan überrollt. In ihrer Freizeit treibt Frau Krüger nahezu täglich Sport: sie skatet, joggt und geht dreimal wöchentlich ins Fitnessstudio. Seit zwei Monaten trainiert sie zudem für den nächsten Berlin-Marathon.

Erfolgsmenschen genießen Einfluss, Image und Status

Erfolgsmenschen bevorzugen leitende Stellungen. Untergeordnete Positionen sind für sie lediglich Durchgangsstationen. In der Chefrolle genießen sie Einfluss, Image und Status – alles wichtige Motivatoren für Erfolgsmenschen. Um sich durchzusetzen, werden die Ärmel hochgekrempelt. *„Los geht's! Ich schaffe es!"*

Erfolgsmenschen sind Meister darin, andere zu motivieren

Wie ein Chamäleon können sich Menschen mit diesem Persönlichkeitsprofil jedem Milieu anpassen. Dadurch gewinnen sie anderen gegenüber schnell einen Vorteil. Erfolgsmenschen sind Meister darin, andere zu motivieren und auf ein gemeinsames Ziel einzuschwören. Das verleiht ihrem Führungsstil etwas Faszinierendes, aber auch Unberechenbares. Fixiert auf ihr Ziel arbeiten sie mit Tunnelblick und vernachlässigen oft die Kommunikation mit anderen.

ENTSCHEIDUNGEN:

Kurzfristig hat Frau Krüger einen seit längerem geplanten Kurzurlaub mit ihrem Freund verschoben, um für vier Tage auf eine internationale Fachmesse nach Chicago zu fliegen. Den Tipp hatte sie kürzlich von einer befreundeten früheren Arbeitskollegin erhalten: *„Da treffen sich die zukünftigen Top-Leute der Szene ..."*. Frau Krüger will in Chicago für den Verlag Kooperationsmöglichkeiten für den amerikanischen Markt sondieren.

An strategische Partnerschaften in Nordamerika und Ostasien knüpft sie in ihrem Konzeptentwurf große Erwartungen.

Am Tag vor ihrem Abflug erkrankt ihre Chefin, die Marketingleiterin, plötzlich schwer. Frau Krüger soll sie nun für unbestimmte Zeit vertreten. Die Geschäftsleitung hat ihr zur Einarbeitung ein umfassendes Pflichtenheft übermittelt. Frau Krüger will den Termin in Chicago ungern absagen, beschließt aber, den Aufenthalt zu verkürzen.

An der Hotelbar lernt Frau Krüger den Juniorchef des Verlages kennen, der die derzeit beliebteste amerikanische Comic-Serie für Kinder verlegt. Sie stellt sich ihm als die Marketing-Zuständige ihres Verlages vor. Beide verstehen sich glänzend und nach dem zweiten Caipirinha deutet ihr Gesprächspartner an, morgen mit ihrem früheren Arbeitgeber über die Rechte der Serie für den deutschsprachigen Markt zu verhandeln.

Er zeigt Frau Krüger einige Ansichtsbeispiele und sie spürt sofort, dass die Hauptfigur dieser Serie zu einem übergreifenden Sympathieträger für die Kinderzeitschriften ihres jetzigen Unternehmens werden könnte.

„Das ist ein Superknüller! Wir müssen diese Rechte unbedingt bekommen!" geht es ihr durch den Kopf.

Erfolgsmenschen sind entscheidungsfreudig, wenn die Entscheidung dazu dient, voranzukommen. Erfolgsmenschen sind gut informiert und wissen, wo die maßgeblichen Weichen in Politik, Wirtschaft oder Gesellschaft gestellt werden. Sie beherrschen das „who-is-who" und die geschäftliche Kontaktpflege perfekt, haben ein gutes Gespür für lohnende Projekte und greifen zu, bevor ihnen jemand zuvorkommt. Dabei laufen sie allerdings Gefahr, ihre Kompetenzen zu überschreiten.

Erfolgsmenschen greifen zu, bevor ihnen jemand zuvorkommt

Erfolgsmenschen sind Macher, keine Theoretiker. Sie wollen sich ausprobieren und brauchen deshalb größere Entscheidungsspielräume als andere. Geistige Energie in etwas zu investieren, das keine zielgerichteten Handlungen nach sich zieht, fiele ihnen im Traum nicht ein – das ist reine Zeitverschwendung.

Sie achten bei Entscheidungen immer auch auf den persönlichen Nutzen für sich selbst. Entscheidungen, die keinen unmittelbaren Nutzen versprechen, fallen Erfolgsmenschen schwer.

Achten bei Entscheidungen immer auch auf den persönlichen Nutzen für sich selbst

ZEITMANAGEMENT:

> Frau Krüger versucht noch in der Nacht mehrfach, ihren Geschäftsführer zu erreichen, leider erfolglos. Das macht sie sehr nervös, doch sie beschließt zu handeln, bevor ihr das Geschäft weggeschnappt wird, denn zum Frühstück ist sie bereits mit dem amerikanischen Juniorchef verabredet. Man wird sich schnell einig.
>
> Der Juniorchef besteht allerdings darauf, einen Vorvertrag zu unterzeichnen, um die Verhandlungen mit Frau Krügers früherem Arbeitgeber guten Gewissens abblasen zu können. Einen entsprechenden Entwurf hat er bereits aufgesetzt. Darauf ist Frau Krüger nicht vorbereitet, doch sie unterschreibt den Vertrag nach kurzem Zögern.
>
> Der Verzicht auf parallele Verhandlungen mit dem Konkurrenten wird für ihr Unternehmen sicherlich finanzielle Konsequenzen haben. Dennoch, man darf sich eine solch einmalige Gelegenheit einfach nicht entgehen lassen. Nach mehreren weiteren, viel versprechenden Kontaktgesprächen steigt Frau Krüger geradezu euphorisch in den Nachtflieger nach Frankfurt.

Erfolgsmenschen lieben es umtriebig

Für Erfolgsmenschen ist Zeit Geld. Sie haben es eilig, ans Ziel zu kommen und packen ihren Terminplan stets randvoll. Solange viel los ist, fühlen sie sich wohl. Stressig wird es für sie, wenn sie unterfordert sind und Panikgefühle können aufkommen, wenn überhaupt nichts los ist. Warten zu müssen und von der Zustimmung anderer abhängig zu sein, ist für sie Folter. Erfolgsmenschen sind Meister darin, ihre Zeit effektiv und effizient zu nutzen. Sie sind Macher und immer in Aktion.

UNTER STRESS:

> Nach ihrer Rückkehr will Frau Krüger dem Geschäftsführer möglichst rasch persönlich Bericht erstatten und ihm den unterzeichneten Vorvertrag vorlegen. Mehrfach wird sie bei dessen Sekretärin Frau M. vorstellig. Der Chef steckt jedoch den ganzen Tag in Sitzungen. Schließlich übergibt sie Frau M. das Dokument zusammen mit einigen handschriftlichen Kommentaren. *„Ich werde es ihm in einer Sitzungspause reinreichen und verspreche dir, dass er es heute noch liest."*

> Als Frau Krüger abends das Haus verlässt, trifft sie Frau M., zu der sie einen guten Draht hat, im Fahrstuhl. *„ Er hat es in einer Sitzungspause gelesen und getobt"*, sagt Frau M., *„du hättest deine Kompetenzen weit überschritten. Besonders aufgeregt hat ihn, dass du finanzielle Verpflichtungen eingegangen bist. Im Vertrauen gesagt: Er wird dich morgen früh, gleich wenn er kommt, zu sich rufen. Bereite dich gut vor!"*
>
> Frau Krüger verteidigt sich vehement: *„Das ist für unser Unternehmen eine einmalige Gelegenheit gewesen!"* *„Spar dir das für morgen"*, antwortet Frau M., *„und viel Glück!"*. Konsterniert tritt Frau Krüger den Heimweg an.

Erfolgsmenschen haben panische Angst vor öffentlichem Versagen und Imageverlust. Sie fürchten, ins Hintertreffen zu geraten oder gar fallen gelassen zu werden. Haben sie einen Fehler gemacht, versuchen sie, ihren Kopf irgendwie aus der Schlinge zu ziehen. Sie bemühen sich, die Aufmerksamkeit auf das lohnende Ziel und weg von ihren Fehlern zu lenken. Sich ihr Versagen (bzw. schon die Angst davor) einzugestehen ist ihnen fast unmöglich. Aber genau das wäre der Faden, der zu einer Lösung führen kann.

Erfolgsmenschen haben panische Angst vor öffentlichem Versagen und Imageverlust

DIE WENDE:

> Das Warten ist für Frau Krüger katastrophal. Sie findet kaum Schlaf und ist am nächsten Morgen bereits vor 7 Uhr im Büro. Um kurz vor acht biegt die blauschwarze Limousine auf den Parkplatz.
>
> Fünf Minuten später steht Frau Krüger vor dem Geschäftsführer, der sie kühl empfängt: *„Sie haben mich tief enttäuscht. Wir haben Sie vor einem Jahr auch aufgrund ihrer schnellen Auffassungsgabe und zuverlässigen Urteilskraft eingestellt. Ihre Kompetenzüberschreitung lässt mich nun daran zweifeln, dass wir damals wirklich die richtige Entscheidung getroffen haben."*
>
> Der Geschäftsführer mustert sie einige Augenblicke schweigend. Frau Krüger fühlt sich wie gelähmt. Sie rechnet nun mit dem Schlimmsten. *„Ich kann jedoch nicht glauben, dass ich mich so in Ihnen getäuscht habe. Ich bin bereit, Ihnen noch eine Chance zu geben. Aber erzählen Sie erst einmal alles der Reihe nach."*

Erleichtert sprudelt nun alles aus Frau Krüger heraus. Am Ende gesteht sie: *„Ich weiß, dass ich einen großen Fehler gemacht habe. Es tut mir Leid und ich möchte es gern wieder gutmachen."*

Der Geschäftsführer antwortet: *„Ihre Idee ist ja eigentlich gar nicht so schlecht, aber wir müssten natürlich erst einmal eine Akzeptanzstudie anfertigen, ob diese Figur auf dem deutschsprachigen Markt überhaupt eine Chance hat. Dazu brauchen wir mindestens einen Monat, eher zwei. Sehen Sie zu, dass wir das hinkriegen."*

„Gerade noch einmal gut gegangen ... " geht es Frau Krüger erleichtert durch den Kopf, als sie das Büro des Geschäftsführers wieder verlässt, *„aber diese Chance darfst du jetzt nicht versieben."*

Nur, wenn Erfolgsmenschen zu ihren Fehlern stehen, wird ihnen Vertrauen geschenkt

Der Gang nach Canossa fällt Erfolgsmenschen schwer, aber er ist das Einzige, was ihnen wirklich weiterhilft. Er setzt voraus, dass sie innehalten und ohne zu beschönigen zu den von ihnen gemachten Fehlern stehen. Wenn sie darauf verzichten, sich aus der Bredouille herauswinden zu wollen, dann wird es anderen möglich, ihnen auch weiterhin das Vertrauen zu schenken.

Immer wieder die eigenen Werte und Glaubenssätze zu hinterfragen ist für Erfolgsmenschen ein wichtiger Prozess, der ihnen hilft, sich dem wirklich Wesentlichen innerlich zu verpflichten und treu zu bleiben.

DIE NEUE PERSPEKTIVE:

Frau Krüger arbeitet den Rest des Tages intensiv an der Wiedergutmachung ihres Fehlers. Sie informiert ihre Mitarbeiter und bittet um deren Unterstützung bei der Mehrarbeit, die voraussichtlich in den nächsten Wochen fällig wird.

Für den Abend bittet sie ihren Freund, zu ihr zu kommen. *„Ich brauche heute jemanden, der für mich da ist ... "* Bis weit nach Mitternacht sitzen sie zusammen und Frau Krüger schildert die Ereignisse, ihre Gefühle und die aufgekommenen Selbstzweifel. *„Es tut mir auch Leid, dass ich meinem Beruf meistens den Vorrang gegeben habe. Ich werde mir in Zukunft mehr Zeit für dich – nein, für uns nehmen."* Ihr Freund nimmt sie darauf-

> hin in den Arm und sagt: *„Weißt du, meine Liebe zu dir ist unabhängig von deinem Erfolg oder Misserfolg. Wenn du auch mal versagst, dann macht dich das höchstens menschlicher und noch liebenswerter. Und auf mehr gemeinsame Zeit freue ich mich von ganzem Herzen."*

Erfolgsmenschen hilft die Erfahrung, trotz ihres Versagens nicht fallen gelassen zu werden. Das tut ihnen gut und sie beginnen sich zu öffnen. Sie definierten sich bislang überwiegend über ihre Leistungen und Erfolge.

Positiv ist die Erfahrung, trotz Versagens nicht fallen gelassen zu werden

Wenn sie sich Sinnfragen für ihr Leben als Ganzes stellen, nicht nur für den beruflichen Teil, eröffnen sich neue Perspektiven. Die konstruktive Kraft von Selbstzweifeln zu entdecken und für sich zu nutzen ist für Erfolgsmenschen eine wichtige Erfahrung. Erfolgsmenschen, die diesen Weg gehen, werden ehrlicher und authentischer – mit sich und anderen. Sie merken selbst, wenn sie wieder in eine Rolle schlüpfen, um beim Gegenüber „anzudocken" und verfügen jetzt über eine Steuerungsmöglichkeit. Die zwanghafte Neigung, sich „in Szene zu setzen" und auf Kosten anderer zu profilieren, lässt nach zugunsten von Teamgeist, Menschlichkeit und Überzeugungskraft durch gutes Vorbild.

Konstruktive Kraft von Selbstzweifeln

3.5.2 Werte- und Entwicklungsquadrate für Erfolgsmenschen

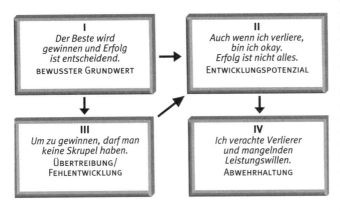

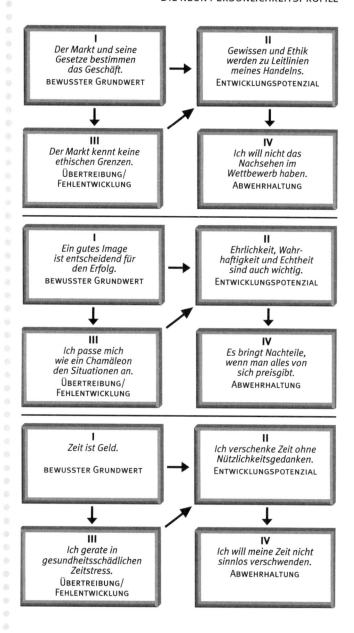

I
Der Markt und seine
Gesetze bestimmen
das Geschäft.
BEWUSSTER GRUNDWERT

II
Gewissen und Ethik
werden zu Leitlinien
meines Handelns.
ENTWICKLUNGSPOTENZIAL

III
Der Markt kennt keine
ethischen Grenzen.
ÜBERTREIBUNG/
FEHLENTWICKLUNG

IV
Ich will nicht das
Nachsehen im
Wettbewerb haben.
ABWEHRHALTUNG

I
Ein gutes Image
ist entscheidend für
den Erfolg.
BEWUSSTER GRUNDWERT

II
Ehrlichkeit, Wahr-
haftigkeit und Echtheit
sind auch wichtig.
ENTWICKLUNGSPOTENZIAL

III
Ich passe mich
wie ein Chamäleon
den Situationen an.
ÜBERTREIBUNG/
FEHLENTWICKLUNG

IV
Es bringt Nachteile,
wenn man alles von
sich preisgibt.
ABWEHRHALTUNG

I
Zeit ist Geld.

BEWUSSTER GRUNDWERT

II
Ich verschenke Zeit ohne
Nützlichkeitsgedanken.
ENTWICKLUNGSPOTENZIAL

III
Ich gerate in
gesundheitsschädlichen
Zeitstress.
ÜBERTREIBUNG/
FEHLENTWICKLUNG

IV
Ich will meine Zeit nicht
sinnlos verschwenden.
ABWEHRHALTUNG

3.5.3 Tipps für Erfolgsmenschen und ihr Selbstmanagement

- Das Signalwort für Erfolgsmenschen ist „Stopp!" – und dann innehalten, verlangsamen, zur Besinnung kommen. Einem Leben auf der Überholspur fehlt es zuweilen an Geduld, Tiefgang und Zeit für das Wesentliche. Die Entdeckung heißt hier „kein Programm haben". „Nichts tun, klingt super", sagt so mancher Erfolgsmensch, „aber wie geht denn das, was muss ich da tun?" Eben nicht tun, sondern unterlassen. Probieren Sie es aus.

- Für die persönliche Entwicklung ist entscheidend, ehrlicher zu werden, mit sich selbst und auch mit anderen. *„Wann beginne ich, anderen etwas vorzumachen, um selbst gut dazustehen?"*
  Dabei hilft es, die eigenen Werte und Leitmotive immer wieder zu hinterfragen. *„Ist das, was ich gerade tue oder anstrebe, wirklich das Wesentliche, wofür es sich lohnt zu leben?"* Erfolgsmenschen sollten sich darin üben, das Leben (immer wieder mal) vom Ende her zu denken: *„Um was würde es mir vielleicht einmal Leid tun, wenn ich das in meinem Leben nie erlebt hätte?"*

- Laden Sie vertraute Menschen dazu ein, Ihnen offen und ehrlich in einem verschwiegenen Rahmen zurückzumelden, wie sie Sie sehen und was sie von Ihnen halten.

- So merkwürdig es klingen mag, auch Schauspielunterricht kann Erfolgsmenschen helfen, ehrlicher und authentischer zu werden. Aktiv in eine Rolle zu schlüpfen und sie dann wieder zu verlassen schärft die Sinne für das, was sie im Alltag oft unbewusst tun.

- Lernen Sie zu verlieren! Geben Sie nicht auf, wenn es damit nicht sofort klappt. Ein geselliger Spielkreis mit Freunden kann hier wertvolle Dienste leisten; aber spielen Sie nicht um Geld.

EINE KLEINE ÜBUNG FÜR DIE NÄCHSTEN VIER WOCHEN:

Nehmen Sie sich jeden Tag einige Minuten Zeit und stellen Sie sich die Frage, wo Ihnen derzeit etwas fehlt oder misslingt. Versuchen Sie ganz und gar ehrlich mit sich zu sein. Nehmen Sie sich jeden Tag einen anderen Bereich vor und wechseln Sie täglich zwischen einem beruflichen und einem privaten Bereich.

3.5.4 Tipps für einen guten Umgang mit Erfolgsmenschen

- Erfolgsmenschen schießen im Eifer des Gefechts oft über das Ziel hinaus und haben immer wieder Schwierigkeiten, sich unterzuordnen oder einzugliedern, wenn sie sich gebremst fühlen. Kritisieren Sie daher nicht destruktiv, sondern motivieren Sie sie zur Identifikation mit dem Ziel des Unternehmens beziehungsweise dem des jeweiligen Teams. Zeigen Sie ihnen auf, wie diese Unterordnung auch ihren persönlichen Interessen und Karriereplänen nutzen kann.
- Führen Sie notwendige Kritikgespräche nicht zwischen Tür und Angel. Achten Sie darauf, dass vorher das Tempo herausgenommen wird und Störungen ausgeschlossen werden.
- Geizen Sie nicht mit Lob. Belohnen Sie die hervorragenden Leistungen. Erfolgsmenschen schätzen kaum etwas mehr. Achten Sie aber auch darauf, dass Erfolgsmenschen sich bei Fehlern oder Versagen ihrer Verantwortung stellen. Diese Lernerfahrung ist für sie wichtig.
- Erfolgsmenschen wollen die Karriereleiter nach oben. Achten Sie darauf, dass ausreichend Anreize für sie bestehen (Aufstiegsperspektiven, mehr Geld, Titel, etc.), dann sind sie zu vollem Einsatz bereit.
- Achten Sie darauf, ob Erfolgsmenschen es wirklich ehrlich meinen. Sie haben weniger Skrupel als andere, zu blenden und gute Miene zu einem bösen Spiel zu machen, wenn es ihren Zielen dient.
- Erfolgsmenschen agieren im großen Rahmen und sind nicht detailorientiert. Sie brauchen an ihrer Seite Menschen, die in Verfahrensfragen und bei der Qualitätssicherung kompetent sind.
- Achten Sie darauf, dass Erfolgsmenschen sich nicht mit „fremden Federn schmücken" oder versuchen, sich auf Kosten des Teams zu profilieren. Überprüfen Sie, ob ihre Meinungen und ihr vermeintliches Wissen wirklich Hand und Fuß haben.
- Die Neigung von Erfolgsmenschen zu Präsentation, Werbung und Verkauf kann optimal genutzt werden. Nämlich dann, wenn sie fest im Team verankert sind und sich nicht, je nach Situation, opportunistisch davon entfernen (Werte-Zapping).

3.5.5 Erfahrungsberichte aus der Praxis

KATJA, 36 JAHRE, VERTRIEBSASSISTENTIN IN EINEM
PHARMAUNTERNEHMEN

Mir fremde Hilfe bei der Planung eines Projektes zu suchen,
wäre mir früher im Traum nicht eingefallen. Ich hatte eine Idee,
legte den „Let's-go-Schalter" um, wirbelte mit Tunnelblick bis
zum Anschlag und präsentierte mein Ergebnis dann.

Jetzt mache ich mir viele Gedanken, bevor ich beginne und ho-
le mir Rat ein. Vor einiger Zeit ging es darum, dass die Preise
für eine Produktlinie erhöht werden sollten, ein Projekt für etwa zwei Wochen. Ich habe mir die erforderlichen Datensätze
geholt und zunächst skizziert, wie ich es machen würde. Statt
dann gleich anzufangen, habe ich mich mit einem Kollegen
und dann mit meinem Chef zusammengesetzt, meine Idee vorgestellt und diskutiert. Der eine hat das Persönlichkeitsprofil
des Perfektionisten, der andere das des Skeptikers und beide
verfügen über Qualitäten, die mir fehlen: Genauigkeit in Details, Fehler in der Planung vermeiden, Identifikation von
Punkten, an denen das Projekt scheitern könnte.

Ich bearbeite meine Projekte heute mit mehr Ruhe und Sicherheit. Sie haben einfach ein besseres Fundament. Aber auch
wenn ich Rat einhole, bleiben es doch „meine" Produkte.

HEIDI, 42 JAHRE, VERWALTUNGSLEITERIN AM FINANZGERICHT

Nach der Identifikation meines Persönlichkeitsprofils setzte
bei mir ein Prozess der Selbstbeobachtung ein.

Es gelingt mir jetzt immer öfter, dass ich mich geistig neben
mich stelle und kopfschüttelnd beobachte, wie mein Persönlichkeitsprofil wieder einmal zugeschlagen hat. Es hat mich
nicht geduldig warten lassen, bis die anderen im Boot waren,
nein, es hat die Führung übernommen, die Entscheidung getroffen und ab durch die Mitte. Aber nur diese Erkenntnis lässt
mich dann auch wieder – zumindest ab und zu – zurückrudern,
um die anderen mitzunehmen.

Ich bin im Umgang mit andern wesentlich geduldiger geworden, weil ich immer besser verstehe, dass mein Gegenüber oft
aufgrund seines eigenen Profils gar nicht anders kann. Die Be-
setzung von Positionen überdenke ich nunmehr nicht nur unter dem Gesichtspunkt der Qualifikation. Der Versuch, das

Grundmuster des Einzelnen durch gezieltes Fragenstellen herauszufiltern, um dann zu entscheiden, ob die Stärken dieses Profils an die zu besetzende Stelle passen, ist heute ein zentraler Punkt meiner personellen Überlegungen.

3.6 Gefühlsorientierung – Anspruchsvolle Ästheten

AUF EINEN BLICK

- emotional
- stilvoll
- authentisch
- sensitiv und sensibel
- schöpferisch

- intensiv
- intuitiv
- außergewöhnlich
- krisenerprobt
- radikal

Sag mir niemals, dass du mich vollkommen verstehst.
Unbekannt

Melancholie ist das Vergnügen, traurig zu sein.
Victor Hugo

Künstler wird man aus Verzweiflung.
Ernst Ludwig Kirchner

*Die Sehnsucht ist die einzige ehrliche Eigenschaft
des Menschen.*
nach Ernst Bloch

*Das Vergleichen ist das Ende des Glücks
und der Anfang der Unzufriedenheit.*
Søren Kierkegaard

Ich will dem Schicksal in den Rachen greifen.
Ludwig van Beethoven

*Glück entsteht oft durch Ausgelassenheit in kleinen Dingen,
Unglück oft durch Vernachlässigung kleiner Dinge.*
Wilhelm Busch

*Ein Abschied schmerzt immer,
auch wenn man sich schon lange darauf freut.*
Arthur Schnitzler

3.6.1 Businessprofil von Ästheten

GRUNDSTIL UND BERUFLICHE ENTWICKLUNG:

Jean-Paul Destin, 35, ist in Paris geboren und in einer norddeutschen Großstadt aufgewachsen, der Heimat seiner Mutter. Seine Eltern haben sich getrennt, als Jean-Paul sieben Jahre alt war. Das Kunststudium hat er im sechsten Semester abgebrochen.

Nach dem Tod seines Vaters und einer damit verbundenen Erbschaft hat er vor sieben Jahren mit zwei Partnern eine Grafik- und Design-Agentur gegründet, die auf die funktionale Einrichtung von Büros und Arbeitsplätzen in Verbindung mit Kunstobjekten spezialisiert ist. Die Kunstobjekte stammen zum großen Teil von Jean-Paul selbst. Gleichzeitig gibt Jean-Paul in seinen Projekten immer wieder jungen Künstlern, die aus schwierigen sozialen Verhältnissen stammen, eine Chance. Neben den drei Gesellschaftern hat die Agentur 14 Mitarbeiter.

Jean-Paul ist Autodidakt und als Artdirektor für den konzeptionellen und künstlerischen Bereich der Projekte zuständig. *„Er war von Anfang an der kreative Kopf unseres Unternehmens"*, sagen seine beiden Partner über ihn, die sich die Verantwortung für den finanziell-administrativen und den technisch-handwerklichen Part teilen.

„Ohne sein Gespür für das Besondere hätten wir uns auf dem Markt nicht etablieren können. Ein Geschäftsmann ist Jean-Paul jedoch nicht. Da kann er froh sein, dass wir auch noch da sind, um uns mit den Niederungen von Geld, Verwaltung und Dienstplänen zu befassen. "

Jean-Paul Destin ist ein typischer Vertreter des Persönlichkeitsprofils des Ästheten: ein kreativer Geist, hoch sensibel und mit viel Sinn für Gestaltung. Lebenswege von Ästheten verlaufen zumeist abseits der ausgetretenen Bahnen. Sie spüren immer intensiv nach dem Sinn in der Tiefe, bisweilen auch dramatisch bis chaotisch.

Lebenswege von Ästheten verlaufen zumeist abseits der ausgetretenen Bahnen

Ästheten sind stets auf der Suche nach dem Anderen, dem Besonderen und scheuen auch vor den Extremen nicht zurück. Aus ihrer Sicht ist alles ständig im Wandel begriffen, nichts ist fix, nichts verharrt. Ein Blick in die Biografie von Ästheten zeigt, dass es sich zumeist um krisenerprobte Menschen handelt,

die keine Angst vor den schmerzhaften Tiefen des Gefühlslebens haben.

FÜHRUNGSSTIL:

> Zwei Innenarchitekten und zwei Grafikdesigner sowie eine
> persönliche Assistentin, Frau Z., sind Jean-Paul direkt unter-
> stellt. Seine Mitarbeiter bewundern ihn für seine Kreativität
> und seine sensible Art. Seine häufigen Stimmungsschwan-
> kungen stellen sie jedoch immer wieder auf eine harte Probe.
>
> *„Im Alltag bevorzuge ich das kreative Chaos – aber auf lange*
> *Sicht können sich meine Mitarbeiter und Kollegen darauf ver-*
> *lassen, dass ich den roten Faden nicht verliere."*
>
> Auf den Zusammenhalt des Teams legt Jean-Paul großen Wert.
> Der jährliche Betriebsausflug ist immer etwas Besonderes.
> Zuletzt ging es nach Athen auf die Akropolis – zur Inspiration,
> denn ein Kunde wünschte sich ein antikes Säulen-Flair für sein
> neues Büro. Die Kunden schätzen Jean-Paul für seine Fähig-
> keit, ihre Wünsche intuitiv zu erfassen und in einzigartige For-
> men und Farben umzusetzen.

Ästheten erinnern an eine Sphinx – in vielen Dingen sind und
bleiben sie rätselhaft und geheimnisvoll. Ihr Arbeitsstil ist un-
konventionell. Sie suchen ihren eigenen, unverwechselbaren
Stil, der aber in permanentem Wandel begriffen ist. Auch ihr
Führungsstil ist wenig berechenbar, zumindest darauf kann
man sich verlassen.

    Wenn sie mit sich im Reinen und den anderen zugewandt
sind, sind sie großzügig und kommunikativ – wenn sie sich
unverstanden fühlen, sind sie unnahbar und abweisend. Ästheten pflegen enge emotionale Bindungen, werden aber
gleichzeitig von der Angst vor deren Verlust getrieben.

Ästheten erscheinen rätselhaft und geheimnisvoll

ENTSCHEIDUNGEN:

> Vor einiger Zeit hat die Agentur sich um ein öffentlich ausge-
> schriebenes Projekt beworben: Es geht um die Inneneinrich-
> tung für ein 800 Quadratmeter großes Büro eines Versiche-
> rungsunternehmens: Toplage in der obersten Etage eines
> zehnstöckigen Bürohaus-Neubaus, am Flussufer mit Cityblick,
> für Jean-Paul ein lang ersehntes Traumprojekt. Seine Agentur

hat das Rennen gemacht. Aus der Intuition heraus hatte Jean-Paul eine Idee geboren, die die Verantwortlichen überzeugte. Nun geht es um die Konkretisierung des Entwurfs. Letzten Freitag wurden die Verträge unterzeichnet und in vierzehn Tagen erwartet ihn der Vorstand des Versicherungsunternehmens zu einer Besprechung, um die weiteren Schritte zu besprechen. Jean-Paul hat insgeheim schon eine glasklare Vision für die konkrete Ausgestaltung dieses Projektes.

Sehnsucht nach besonderen Herausforderungen

Die Normalität des Alltags ist wenig anziehend für Ästheten. Sie meiden alles Gewöhnliche und Banale und sehnen sich nach besonderen Herausforderungen. Wenn sie diese haben, sind sie entscheidungsfreudig, krempeln die Ärmel hoch und arbeiten bis zum Anschlag.

Sie neigen dann jedoch dazu, zu sehr ihr „eigenes Ding" zu machen und die notwendige Kommunikation mit anderen Betroffenen zu vernachlässigen. Fehlen die besonderen Herausforderungen, fühlen sie sich zurückgesetzt und neigen dazu, ihre Pflichten zu vernachlässigen.

ZEITMANAGEMENT:

Jean-Paul geht ganz in der Verwirklichung seines Traumprojektes auf. Jeder spürt, dass er mit Herzblut bei der Sache ist und seine ganze Energie darauf konzentriert.

„Davon kann unsere Zukunft abhängen ...", ist sein Credo. Er arbeitet Nächte hindurch, verliert mitunter das Gefühl für Raum und Zeit. Phasenweise ist er total präsent im Büro, dann wiederum zieht er sich tagelang vollkommen zurück. Lästige Verpflichtungen in anderen Projekten werden delegiert, entweder an Frau Z. oder an die anderen Mitarbeiter oder sie bleiben eben liegen.

Gefahr sich im schöpferischen Prozess zu verlieren

Ihre Unbeständigkeit schlägt sich auch in ihrem Umgang mit der Zeit nieder. Ästheten haben oft eine „Ganz-oder-gar-nicht-Haltung". Kompromisse gehen sie dann nicht ein. In einem schöpferischen Prozess können sie sich verlieren und so lange ackern, bis sie zufrieden sind, und das kann lange dauern.

Denn wenn sie begeistert sind, legen sie eine Akribie an den Tag, die den Breitband-Perfektionismus des Perfektionisten noch um Längen schlägt. Ihrer ist im Gegensatz dazu jedoch selektiv und auf den jeweiligen schöpferischen Prozess und sein Produkt beschränkt.

UNTER STRESS:

> Zwei Tage vor der Präsentation trifft sich Jean-Paul mit seinen Partnern Georg und Jochen sowie Frau Z., um das Vorgehen abzustimmen. Jean-Paul präsentiert seine Umsetzungsideen auf seinem Laptop. Die anderen reagieren skeptisch: *„Es sind tolle Ideen, die du da ausgearbeitet hast, aber ich fürchte, du überforderst unseren Kunden damit"*, sagt Jochen, der Finanzchef, als Jean-Paul seine Präsentation abschließt. *„Die erkennen ihr Projekt ja gar nicht wieder. Ich kann mir nicht vorstellen, dass die in einem Riff leben wollen!"*
>
> Im Wettbewerbsmodell nur dezent angedeutet, erweckt die Computeranimation nun tatsächlich einen ziemlich realistischen Eindruck des Lebens in der Unterwasserwelt eines Riffs. Jean-Paul wischt die Bedenken seiner Partner vom Tisch: *„Ich weiß, wie die ticken und was die wollen!"* Georg, Jochen und Frau Z. sind nicht überzeugt, kapitulieren aber letztendlich vor Jean-Pauls Enthusiasmus.
>
> Am nächsten Tag präsentiert Jean-Paul mit den dreien dem Versicherungsvorstand seine Umsetzungsideen. Die Resonanz ist verhalten bis unterkühlt. Es fallen Bemerkungen wie *„etwas zu künstlerisch"* und *„nicht ganz dem Image unseres Unternehmens entsprechend"*. Jean-Paul reagiert professionell und bittet den Vorsitzenden, die Bedenken des Vorstands zu konkretisieren. Innerlich ist er jedoch tief verletzt.
>
> Zurück im Büro kehrt er seine innersten Gefühle auf dramatische Art nach außen. Er beklagt sich bitter: *„Diese eingebildeten Dilettanten. Warum versteht denn hier niemand, was ich ausdrücken will? Es ist zum Verzweifeln: Überall Inkompetenz, wo man hinschaut. Selbst die eigenen Leute."* Seine Partner und Mitarbeiter kennen ihn zwar schon so, so extrem war es jedoch noch nie. Auf ihre Verunsicherung und Abwehr reagiert Jean-Paul mit Rückzug und verlässt schließlich das Büro.

Ästheten geraten unter Druck, wenn sie das Gefühl bekommen, nicht verstanden und abgewertet zu werden. Sie fühlen sich dann ausgeschlossen und leiden – manchmal laut, manchmal ganz still und leise. Niemand leidet so gut wie Ästheten.

Ästheten geraten unter Druck, wenn sie sich nicht verstanden und abgewertet fühlen

Sie haben eine Neigung zu den Extremen des menschlichen Gefühlslebens und tauchen ohne Wenn und Aber in dieses Erleben ein. Das erschwert die Orientierung im Alltag und die Kommunikation mit anderen. Oft gelingt es ihnen noch, eine professionelle Maske an der Oberfläche aufzusetzen, dahinter vollzieht sich jedoch ein inneres Drama.

DIE WENDE:

Frau Z. folgt Jean-Paul später nach und klingelt an seiner Haustür. Er macht zunächst nicht auf. Doch sie lässt sich nicht abweisen und schließlich öffnet er. Er reagiert abwehrend: *„Was willst du?" „Die anderen haben mich gebeten zu kommen. Wir wollen eine Lösung finden, aber ohne dich geht das nicht. Was passiert ist, ist passiert. Du hast dein Bestes gegeben, sie wollen anscheinend nur dein Zweitbestes."*

Bei diesen Worten muss selbst Jean-Paul lächeln. *„Ich weiß, dass dich das nicht befriedigt. Aber wir sollten schnellstmöglich einen neuen Vorschlag nachschieben, damit die nicht auf die Idee kommen, den Auftrag zu kündigen."* Zwei Stunden sprechen die beiden miteinander. Jean-Paul bringt zum Ausdruck, was jetzt gerade in ihm vorgeht. Das ist nicht leicht für ihn, *„denn oft hat die menschliche Sprache für die Dinge, die ich fühle, gar keine Worte."* Frau Z. hilft ihm dabei, zu analysieren, woran die Akzeptanz der Auftraggeber vielleicht gescheitert ist, welche Punkte er übersehen oder auch falsch umgesetzt hat. Gemeinsam schmieden sie einen Notfallplan für die nächsten Tage, der alle einbezieht. *„Der Auftrag ist zu wichtig, als dass er an einer Kleinigkeit scheitern sollte"*, sagt Jean-Paul schließlich mit einem Augenzwinkern.

Ästheten lassen sich nur schwer wieder hervorlocken, wenn sie sich verletzt zurückgezogen haben. Man darf sie nicht bedrängen, sollte sie aber doch mit den Konsequenzen ihres Handelns konfrontieren. Abstriche an ihren Ideen zu machen kostet sie viel. Sie geben sich ungern mit Zweitlösungen zufrieden, die sie als unstimmig empfinden. Es hilft ihnen jedoch, wenn man ihnen das Gefühl gibt, dass man sie braucht und dass inhaltliche Kritik nicht als Kritik an ihnen als Person gemeint ist. Ästheten brauchen einen Fels in der Brandung, wenn sie sich im inneren Chaos befinden.

Ästheten brauchen einen festen Halt, wenn sie sich im inneren Chaos befinden

Die neue Perspektive:

> Mithilfe von Frau Z. schafft es Jean-Paul, sein Gefühlschaos zu ordnen und zu strukturieren. Das verschafft ihm eine neue Perspektive. Er ist nun bereit, aus seinem Schneckenhaus hervorzukriechen. Zunächst gibt er an der Teambesprechung am nächsten Tag aber allen die Gelegenheit, ihre Befindlichkeit zu äußern. Er selbst macht dabei den Anfang. Punkt für Punkt werden danach alle Kritikpunkte des Auftraggebers überprüft, wie man sie erfüllen oder entkräften könnte. Am Ende ist man sich einig, dass mehr als 90 Prozent des Entwurfs von Jean-Paul gut begründbar seien, lediglich in zwei Punkten werden substanzielle Änderungen vorgenommen, die zu einem dezenteren Gesamtbild beitragen. So vorbereitet will man in die nächste Verhandlungsrunde gehen.
>
> Jean-Paul ist froh über die Wende. Seine Verletztheit hat sich in Dankbarkeit gewandelt. *„Ich habe den tollsten Job, den ich mir vorstellen kann und Freunde, die zu mir halten und mich nicht verlassen, egal, was passiert."*

Gewohnheitsmäßig haben Ästheten einen eingebauten Abwehrreflex gegen alles, was starre Strukturen schaffen könnte, besonders, wenn es von außen kommt. Es wird als Standardisierung empfunden, gegen den sich ihr Individualismus zur Wehr setzt.

Abwehrreflex gegen alles, was starre Strukturen schaffen könnte

Paradoxerweise ist es aber gerade die Schaffung von inneren und äußeren Strukturen, die zur Entwicklung ihrer Persönlichkeit entscheidend beiträgt. Für Ästheten ist es wichtig, sich ihrer Werte, Prinzipien und Pflichten bewusst zu werden. Sachlich und nüchtern die Ereignisse zu analysieren, ohne dass die Gefühle weichen müssen, ist ein erster Schritt. Dann fällt es ihnen leichter, zur eigenen Verantwortung zu stehen. Die Dinge können entdramatisiert werden und die Fähigkeit zu voller Präsenz im Alltag kann sich entfalten. Es entsteht ein neuer Blick für auf das hier und jetzt Machbare.

Für Ästheten ist es wichtig, sich ihrer Werte, Prinzipien und Pflichten bewusst zu werden

Ästheten lernen, auch mit weniger Besonderem oder Exklusivem zufrieden zu sein und entwickeln einen Sinn für das Wesentliche. Sie schätzen dann das, was sie haben, anstatt dem Unerreichbaren hinterherzulaufen. Auf diese Weise erfahren sie ein stilles Glück, das zu mehr Ausgeglichenheit führt als die nur kurzen episodischen Glücksmomente.

3.6.2 Werte- und Entwicklungsquadrate für Ästheten

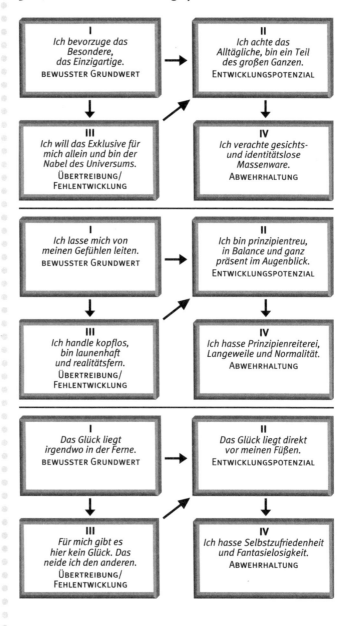

I
Ich bevorzuge das Besondere, das Einzigartige.
BEWUSSTER GRUNDWERT

II
Ich achte das Alltägliche, bin ein Teil des großen Ganzen.
ENTWICKLUNGSPOTENZIAL

III
Ich will das Exklusive für mich allein und bin der Nabel des Universums.
ÜBERTREIBUNG/ FEHLENTWICKLUNG

IV
Ich verachte gesichts- und identitätslose Massenware.
ABWEHRHALTUNG

I
Ich lasse mich von meinen Gefühlen leiten.
BEWUSSTER GRUNDWERT

II
Ich bin prinzipientreu, in Balance und ganz präsent im Augenblick.
ENTWICKLUNGSPOTENZIAL

III
Ich handle kopflos, bin launenhaft und realitätsfern.
ÜBERTREIBUNG/ FEHLENTWICKLUNG

IV
Ich hasse Prinzipienreiterei, Langeweile und Normalität.
ABWEHRHALTUNG

I
Das Glück liegt irgendwo in der Ferne.
BEWUSSTER GRUNDWERT

II
Das Glück liegt direkt vor meinen Füßen.
ENTWICKLUNGSPOTENZIAL

III
Für mich gibt es hier kein Glück. Das neide ich den anderen.
ÜBERTREIBUNG/ FEHLENTWICKLUNG

IV
Ich hasse Selbstzufriedenheit und Fantasielosigkeit.
ABWEHRHALTUNG

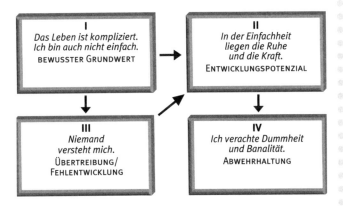

3.6.3 Tipps für Ästheten und ihr Selbstmanagement

- Ästheten müssen lernen, nicht alles persönlich zu nehmen. Doch das passiert schnell, denn innerlich vergleichen sie sich mit anderen und empfinden sich selbst dabei oft als ungenügend. Nach außen betonen sie gleichzeitig ihre Einzigartigkeit. Das zusammen entfacht Neid. Schulen Sie Ihre Wahrnehmung in dieser Sache.

- Sehnen und Suchen verhindern das Finden und Ankommen. Entwickeln Sie mehr Präsenz im Hier und Jetzt. Konzentrieren Sie Ihre ganze Aufmerksamkeit auf das, was Sie in diesem Moment tun bzw. fühlen.

- Wenn Ästheten mal wieder mitten im Gefühlssumpf stecken, dann fühlen sie tiefen Schmerz oder lähmende Verzweiflung. Depression ist mangelnder Energiefluss. Fast jede Form von körperlicher (und geistiger) Bewegung hilft, um wieder Boden unter die Füße zu bekommen.

- Lernen Sie zu unterscheiden – Ihre wirklichen Gefühle werden oft von gedachten Gefühlen und schmerzhaften Fremdgefühlen überlagert. Der Weg zu den eigenen Gefühlen führt nur über die Auflösung dieser Gemengelage – eine komplizierte Aufgabe.

- Teilen Sie sich mit – was Sie denken und was Sie fühlen. Aber fassen Sie sich so kurz wie möglich und dramatisieren Sie nicht.

- Sie haben ein natürliches Talent zur Krisenbegleitung. Achten Sie jedoch darauf, nicht unkontrolliert so viel fremdes Leid in sich aufzunehmen – und wenn es doch mal nötig ist (beispielsweise im Job oder für gute Freunde), achten Sie darauf, dass Sie es nicht bei sich behalten. Es gehört dem anderen.

EINE KLEINE ÜBUNG FÜR DIE NÄCHSTEN VIER WOCHEN:
Nehmen Sie sich täglich ein paar Minuten Zeit und schreiben Sie auf, welche besonderen Dinge Ihnen heute begegnet sind. Notieren Sie sich dann die Dinge, die Ihnen banal, gewöhnlich oder langweilig erschienen sind. Spüren Sie einmal nach, ob Sie diese Dinge nicht auch wertschätzen können.

3.6.4 Tipps für einen guten Umgang mit Ästheten

- Ästheten legen großen Wert auf Einzigartigkeit und Stil. Muten sie ihnen keine Geschmacklosigkeiten zu.
- Sie mögen kreative Prozesse und keine starren Ziele. Ein direktiver Stil kommt bei ihnen nicht gut an.
- Ästheten sind stark intuitiv veranlagt. Versuchen Sie also nicht, auf einer rein sachlichen und rationalen Ebene mit ihnen zu kommunizieren. Pflegen Sie den persönlichen Draht – aber Achtung: Plumpheiten und ein zu enges „auf die Pelle rücken" können alles verderben.
- Seien Sie hundertprozentig präsent im Kontakt. Ästheten spüren es, wenn Sie auch nur mit fünf Prozent Ihrer Aufmerksamkeit woanders sind und fühlen sich dadurch persönlich verletzt oder zurückgesetzt.
- Wenn Sie von Ästheten mehr oder bessere Arbeit wollen, dann zeigen Sie ihnen, inwiefern das Projekt ihre persönliche Note braucht. Es hängt viel von ihrer Identifikation mit dem Projekt ab.
- Besondere Aufgaben sind für Ästheten die Krönung eines nicht immer sehr spannenden Alltags.
- Achten Sie den einzigartigen Tiefgang von Ästheten, auch wenn er nicht immer passend kommt.
- Werten Sie die Gefühle von Ästheten nicht ab, sondern akzeptieren Sie das Geheimnis ihrer Gefühlswelt. Von ihnen zu verlangen, ihre Gefühle bei der Arbeit auszublenden ist so, als wenn Sie ihnen befehlen würden, mit dem Atmen aufzuhören. Dennoch ist es wichtig, Ästheten dabei zu unterstützen, die Intensität ihrer Gefühle im Dienste einer professionellen Performance kontrollieren zu lernen.
- Ästheten brauchen an ihrer Seite Menschen, die wie ein Fels in der Brandung sind: stark, stabil und beständig. Wenn

Sie selbst nicht so sind, achten Sie darauf, dass andere in der Nähe diese Rolle ausfüllen.

- Ästheten können im Team schwierig werden, wenn sie zu sehr auf Sonderbehandlungen aus sind. Alles ist eine Frage der Dosis: ein bisschen Sonderbehandlung ist okay, solange sie nicht zulasten anderer geht.

3.6.5 Erfahrungsberichte aus der Praxis

LEILA, 36 JAHRE, MEDIZINISCHE DOKUMENTARIN

Ich merke es genau, wenn jemand mit seiner Aufmerksamkeit nicht hundertprozentig bei mir ist. Als ich mein Persönlichkeitsprofil erkannte, hat es mich ziemlich erschreckt, dass ausgerechnet dieser Punkt auch eine meiner größten Schwächen sein soll.

Ich arbeite als medizinische Dokumentarin in einer großen Klinik und habe mit vielen Ärzten, besonders der Krebsstationen, zu tun. Meine Aufgabe ist die Abrechnung der Fallpauschalen. Manchmal behandeln mich die Ärzte wie Luft. Ich nehme das oft sehr persönlich. Meine vorher gute Stimmung kann dann in Sekunden in ihr Gegenteil umkippen. Ich fühle mich nicht gesehen und ertappe mich dabei, wie ich dann, statt mich mit der finanziellen Seite der Diagnosen zu befassen, viel lieber in die sehr heftigen Krankengeschichten eintauche. Ich kann die existenzielle Situation der Patienten gut nachempfinden.

Heute weiß ich, wie sehr mein Selbstwertgefühl von der Reaktion von außen abhängt und habe andere Wege gefunden, damit umzugehen. Ich bin wacher und präsenter im Beruf geworden – und erwarte nicht mehr von ihm, als er mir geben kann.

SABINE, 43 JAHRE, PRODUKTMANAGERIN

Die wichtigste Erkenntnis war für mich, dass ich an meiner Kritikfähigkeit arbeiten muss. Früher habe ich es immer sehr persönlich genommen, wenn ich kritisiert wurde. Auch wenn es konstruktive Kritik war, habe ich mich gleich im Ganzen infrage gestellt gefühlt. Neulich musste ich eine Präsentation erstellen. Ich fand sie ziemlich gelungen. Mein Chef hat sie jedoch zerpflückt.

Früher hätte mich das in tiefe Verzweiflung gestürzt. Heute kann ich dafür sorgen, dass daraus keine existenzielle Krise mehr für mich wird. Ich bin insgesamt besonnener und ausgeglichener geworden. Kürzlich erhielt ich im Büro eine E-Mail mit verletzenden Vorwürfen, über die ich mich sehr aufgeregt habe.

Früher hätte ich darauf sehr impulsiv und ebenfalls verletzend reagiert. Ich habe die Mail zugemacht und sie zwei Tage ruhen lassen. Ich habe gesehen, dass der andere auch verletzt war und aus der Defensive heraus reagiert hat. Ich konnte mich selbst beobachten und mir selbst einen guten Rat für eine angemessene Erwiderung geben. Die Einsicht, nicht der Nabel der Welt zu sein, ist für mich immer wieder sehr hilfreich.

3.7 Gedankenorientierung – Stille Beobachter

AUF EINEN BLICK

- nüchtern
- bescheiden
- haushälterisch
- systematisch
- theoriestark

- analytisch-sachlich
- unabhängig
- neutral
- philosophisch
- strategisch

Die Sparsamkeit ist die Tochter der Vorsicht,
die Schwester der Mäßigung und die Mutter der Freiheit.
Samuel Smiles

Geizhälse sind unangenehme Zeitgenossen,
aber angenehme Vorfahren.
Victor de Kowa

Überlegen macht überlegen.
Hermann Hesse

Denken ist eine Befriedigung, die sich im Kopf abspielt.
Gabriele Wohmann

Ein schöner Rückzug ist ebenso viel wert,
wie ein kühler Angriff.
Baltasar Gracián y Morales

Das ganze Areal des Nichtwissens ist noch nicht vermessen
und kartografiert. Im Moment erforschen wir erst seine
Randbereiche.
John Desmond Bernal

Die Wissenden reden nicht viel,
die Redenden wissen nicht viel.
aus China

3.7.1 Businessprofil von Beobachtern

GRUNDSTIL UND BERUFLICHE ENTWICKLUNG:

Georg Sparwasser ist 44 Jahre alt und arbeitet als Leiter der wissenschaftlichen Dokumentation in einem Pharmaunternehmen, das zu den Marktführern im Bereich der Herz-Kreis-lauf-Medikamente zählt. Er hat Informatik und parallel dazu Philosophie studiert. Das Informatikstudium hat er nach zwölf Semestern abgeschlossen und danach als Hilfskraft in der Universitätsbibliothek gearbeitet, um sich das Geld für den Abschluss des Philosophiestudiums – seiner großen Leidenschaft – zu verdienen. Seit zehn Jahren arbeitet er nun im Unternehmen, davon neun Jahre als stellvertretender Abteilungsleiter. Er hat sich regelmäßig weitergebildet. Vor zwei Jahren führte er erfolgreich eine neue Software für die wissenschaftliche Dokumentation ein.

Nach Ausscheiden des Abteilungsleiters vor einem Jahr wurde er zu seinem Nachfolger befördert. Er hatte sich nicht um den Posten beworben, angesichts seiner Qualifikationen war es jedoch logisch und konsequent, dass er gefragt wurde. Seine Abteilung hat zwölf Mitarbeiterinnen und Mitarbeiter.

Herr Sparwasser liebt selbstständiges Arbeiten und hat seine Abteilung gut strukturiert und organisiert. Es gibt klare Zuständigkeiten und Kommunikationswege. Die wissenschaftliche Dokumentation ist ein wichtiger Dienstleister für andere Abteilungen. Seit 25 Jahren praktiziert Herr Sparwasser Hatha-Yoga, mindestens eine Stunde täglich. Hier holt er sich die körperliche und mentale Fitness für den oft anstrengenden Alltag. Zweimal jährlich belegt er Intensiv-Seminare bei einem indischen Meister. Auf seine Freunde und Kollegen wirkt er wie ein Asket. In der Tat ist Herr Sparwasser stolz darauf, mit wenig auszukommen und er schüttelt innerlich oft den Kopf über die Konsumzwänge, denen andere zu unterliegen scheinen.

Herr Sparwasser ist ein typischer Repräsentant des Persönlichkeitsprofils des Beobachters: nüchtern, mit klarem Verstand und analytischer Begabung. Menschen mit diesem Profil arbeiten gern sach- und faktenorientiert und sind wissensdurstig. Sie können in hohem Maße abstrakt denken. Ihnen fällt es leicht, objektiv oder neutral zu bleiben. In Umfeldern, wo diese

Stille Beobachter sind sach- und faktenorientiert und wissensdurstig

Stärken geschätzt werden, fühlen sie sich wohl. Beobachter arbeiten gern spezialisiert, für Generalistenjobs eignen sie sich weniger. Auch privat interessieren sie sich nur für wenige Dinge, dort sind sie aber Experten. Beobachter sind sparsam und gehen haushälterisch mit ihren (oder den ihnen anvertrauten) Ressourcen um, den materiellen wie den immateriellen.

Beobachter arbeiten gern spezialisiert

FÜHRUNGSSTIL:

> Herr Sparwasser ist ein exzellenter Beobachter. Er arbeitet vorausschauend und schätzt es, gut vorbereitet zu sein auf die Aufgaben und Anforderungen, die sich ihm stellen. Im Umgang mit seinen Mitarbeitern ist er freundlich und doch distanziert. In der Kommunikation fasst er sich gern kurz und für Smalltalk hat er wenig übrig. Die Abteilungsbesprechungen sind gut vorbereitet, strukturiert und zeitlich auf das unbedingt notwendige Maß beschränkt.
>
> Privat unterhält Herr Sparwasser kaum Kontakte zu seinen Mitarbeitern. Er fordert von ihnen selbstständiges Arbeiten, Konzentration auf die Sache und Mitdenken. Viele anspruchsvolle Aufgaben hat er an Mitglieder seines kompetenten Teams delegiert. Überfälle jeglicher Art sind ihm ein Gräuel. Für seine Mitarbeiter versucht er jedoch, so gut es geht, da zu sein. Sie wissen, dass sie bei ihm willkommen sind, wenn seine Bürotür offen steht. Das ist in der Regel gegen Ende des Vormittags der Fall. Ist die Bürotür geschlossen, heißt das dagegen „Störungen unerwünscht". Dann sollte man gute Gründe haben, wenn man Eintritt begehrt.
>
> Als Stellvertreterin hat Herr Sparwasser eine frühere Kommilitonin, Frau C., eingestellt. Sie ist die einzige Mitarbeiterin, die ihm persönlich näher steht und mit der er sich duzt.

Beobachter führen aus der Distanz. In der Kommunikation sind sie sparsam und neigen ein wenig zum Dozieren. Die Mitarbeiter erfahren gerade so viel wie nötig. Beobachter beherrschen die Kunst der Delegation gut. Sie geben klare Anweisungen und erwarten, dass man selbstständig arbeitet ohne ständig nachzufragen.

Beobachter führen aus der Distanz und delegieren gerne

Berufliches und Privates wird klar getrennt. Es empfiehlt sich nicht, ungefragt in die Privatsphäre eines Beobachters einzudringen. Beobachter wirken auf andere eher spröde und trocken. Sie verfügen jedoch auch über eine humoristische

Ader, eine eher britische. Sie beobachten so fein, dass ihnen selbst die skurrilsten Feinheiten auffallen, die andere übersehen. Wenn sie diese zum Besten geben, offenbart das eine gute Portion Situationskomik und andere amüsieren sich prächtig. Es ist als säße man bei Loriot in der ersten Reihe.

ENTSCHEIDUNGEN:

Zum Jahresbeginn hat das Unternehmen einen kleineren Mitkonkurrenten übernommen, der sich in den vergangenen Jahren zu einem ernst zu nehmenden Rivalen entwickelt hatte. Herr Sparwasser war vom Vorstand auf diese Entwicklung vorbereitet worden. Er hatte Zeit, sich auf die notwendigen Entscheidungen in seinem Arbeitsbereich vorzubereiten.

Seine wichtigste Aufgabe besteht nun darin, die beiden getrennten Dokumentationssysteme und -abteilungen zusammenzuführen. Herr Sparwasser nimmt zusammen mit Frau C. und dem Abteilungsleiter des übernommenen Unternehmens, Herrn G., eine gründliche Analyse beider Systeme vor. Man kommt einhellig zu dem Ergebnis, dass die von Herrn Sparwasser eingeführte Software deutlich überlegen ist. Herr Sparwasser entscheidet daraufhin, bei der Zusammenführung eine Weiterentwicklung dieser Software einzusetzen.

Entscheidungen werden in Ruhe und am liebsten unabhängig getroffen

Beobachter legen größten Wert auf ihre Unabhängigkeit. Das schlägt sich auch in ihrem Entscheidungsverhalten nieder. Wenn Entscheidungen zu treffen sind, ist es ihnen wichtig, dass sie genug Zeit haben, sich darauf einzustellen. Sind alle notwendigen Fakten gesammelt, fallen ihnen Entscheidungen leicht. Eilentscheidungen oder die spontane Revision von früheren Entscheidungen schätzen sie hingegen überhaupt nicht. Insgesamt zählen Flexibilität und Spontaneität nicht zu ihren Stärken.

ZEITMANAGEMENT:

Einige Zeit später mehren sich aus anderen Abteilungen Wünsche nach schnelleren Datenleitungen, um unter anderem den Datentransfer mit der wissenschaftlichen Dokumentation zu beschleunigen. Herr Sparwasser hat dieses Problem schon länger im Blick.

> Seit Monaten holt er systematisch Informationen ein, um eine Lösung parat zu haben, wenn es ernst wird. Die technisch beste Lösung ist leider auch die mit Abstand teuerste.
>
> Er neigt dazu, dem Finanzvorstand die Anschaffung der technisch zweitbesten Lösung zu empfehlen, die deutlich günstiger käme. Er sieht zudem bessere Möglichkeiten für eine Anpassung an die technische Weiterentwicklung, da dieser Hersteller seit einiger Zeit expandiert und verstärkt in die Entwicklung investiert.

Generell brauchen Menschen mit diesem Persönlichkeitsprofil zu vielen Dingen mehr Zeit als andere. Der Umgang mit Zeit ist bei ihnen planvoll. Sie sind geradezu Zeitwächter, denn sie achten darauf, möglichst immer ausreichend Zeit zu haben, um alles gründlich durchdenken zu können. Sie brauchen viel Zeit zum Regenerieren und das geht am besten, wenn man sich zurückzieht.

Beobachter brauchen mehr Zeit als andere

Selbst gemachten Zeitstress kennen sie kaum. Zeitstress kommt immer von außen, von lästigen Menschen, die mit Zeit nicht vernünftig umgehen können. Zeitverschwendung ist ihnen zuwider. In der Kommunikation kommen sie schnell auf den Punkt und schätzen es, wenn andere das auch tun.

Zeitverschwendung ist ihnen zuwider

UNTER STRESS:

> Seit dem frühen Morgen steht Herrn Sparwassers Telefon nicht mehr still. Es gibt Probleme mit der Zulassung eines neuen Medikaments, in das große Erwartungen gesetzt werden und viel Geld investiert wurde. Nun zerren gleichzeitig Vorstand, Entwicklungs- und Marketingabteilung an ihm. Es gibt verdeckte Vorwürfe, erhebliche Lücken in der gerade zusammengeführten Dokumentation hätten zu der verfahrenen Situation geführt. Es besteht ein erheblicher Zeit- und Handlungsdruck.
>
> Herr Sparwasser fühlt sich überrollt und schliesst seine Bürotür. Ab Mittag geht er auch nicht mehr ans Telefon. Als dann auch noch seine Stellvertreterin hereinplatzt und früher nach Hause möchte, da ihr Sohn plötzlich erkrankt ist, rastet Herr Sparwasser aus. *„Sind denn plötzlich alle verrückt geworden? Alle wälzen hier die Verantwortung auf mich ab und nun kommst du auch noch und willst dich verdrücken!"*

> Frau C. ist schockiert. Sie weiß überhaupt nicht, worum es geht, denn sie ist gerade erst von einem Außentermin zurückgekommen, den sie für ihren Chef wahrgenommen hatte.

Ist schnelles Handeln gefordert, geraten Beobachter unter Druck und ziehen sich zurück

Wenn kritische Situationen auftreten, in denen schnell gehandelt werden muss, geraten Beobachter unter Druck. Sie bekommen das Gefühl, ausgesaugt und vereinnahmt zu werden. Sie reagieren dann mit Rückzug und machen dicht.

Werden sie weiter bedrängt, kann es passieren, dass sie die Krallen ausfahren und andere verletzen. Sie können dann sogar explodieren. Wenn sie im Brennpunkt des Geschehens stehen, erweisen sie sich oft als schlechte Krisenmanager.

DIE WENDE:

> Frau C. versucht gelassen zu bleiben, zeigt aber ihre Verletzung deutlich. *„Du überfällst mich hier mit Anschuldigungen und ich weiß nicht einmal, worum es geht. Das ist nicht fair!"*
>
> Herr Sparwasser merkt, dass er überreagiert hat. Er erklärt Frau C. die Situation und entschuldigt sich für seine Reaktion. *„Ich fühle mich überfordert mit dem, was da auf mich hereinstürzt und weiß gar nicht, wo ich anfangen soll. In mir rotiert alles und ich kann mich auf nichts konzentrieren. Ich fühle mich einfach beschissen."* Frau C. hört aufmerksam zu und wartet, bis ihr Chef ausgeredet hat. Dann schlägt sie ihm vor, noch heute alle Beteiligten zu bitten, ihm bis morgen schriftlich mitzuteilen, was sie von ihm innerhalb welcher Frist brauchen. *„Und mach es nicht per E-Mail, sondern geh zu allen hin und erklär ihnen, wie du dich fühlst und was du von ihnen jetzt brauchst. Das kommt besser an."*
>
> Auf diese Idee wäre Herr Sparwasser selbst nicht gekommen. *„Sie erwarten von dir, dass du dich jetzt als souveräner Krisenmanager beweist. Und da ist es besser, die Initiative zu ergreifen. Wenn du zuwartest, wird alles nur noch schlimmer."*

In Krisen ist es wichtig, die eigenen Gefühle zu artikulieren

Für Beobachter unter Druck ist es wichtig, mit ihren eigenen Gefühlen in Kontakt zu kommen und diese zu artikulieren. Dabei brauchen sie jedoch manchmal Unterstützung, denn gewohnheitsmäßig sind Gefühle bei ihnen abgespalten. In Kontakt gekommen mit den eigenen Gefühlen wird es ihnen möglich, wieder einen klaren Kopf zu bekommen, in die Offensive zu gehen und gemeinsam mit allen anderen die zur Bewältigung der Krise notwendigen Schritte zu unternehmen.

DIE NEUE PERSPEKTIVE:

> Herr Sparwasser beschließt, dem Rat von Frau C. zu folgen. Zu seiner Überraschung zeigen alle Beteiligten Verständnis für seine Situation. Sie übermitteln ihm noch am selben Abend ihre Anforderungen per E-Mail.
>
> Herr Sparwasser kommt am nächsten Morgen bereits um sechs Uhr ins Büro und wertet alle Antworten aus. Er ruft sein Team zusammen, erklärt allen die Situation und bittet sie um Mithilfe bei der Lösung der Krise. Das ganze Team ist zu seiner Überraschung spontan dazu bereit, heute eine Extraschicht einzulegen, um alle notwendigen Dinge zu planen und zu organisieren. Es stellt sich heraus, dass es bei der Zusammenführung der beiden Dokumentationssysteme unerwartete Lücken in den Unterlagen gegeben hat. Verantwortlich dafür ist die Entwicklungsabteilung, die ihre Evaluierungsberichte nicht in der Standardform abgegeben hat.
>
> Herr Sparwasser hingegen hat versäumt, hier mit Nachdruck nachzuhaken. Er entwickelt mit seinem Team einen Notplan, der es möglich macht, die Systemlücken innerhalb von drei Tagen zu schließen. Er macht die Erfahrung, dass seine Offensive das Team zusammenschweißt und alle am gleichen Strang ziehen, um die Situation zu meistern. Herr Sparwasser lädt spontan und zum ersten Mal alle Mitarbeiter zu einem privaten Essen zu sich nach Hause ein.

Die ungewohnte Erfahrung, sich in der Krise mitzuteilen, bringt Beobachter wieder in Kontakt mit sich selbst und mit den anderen. Der Chef, der um Hilfe bittet, erscheint menschlicher. Alle wissen jetzt, woran sie sind. Der zwischenmenschliche Aspekt, den Beobachter gewohnheitsmäßig meiden, stärkt ihre Teamfähigkeit, auch auf Dauer.

Beobachter, die diesen Weg gehen, werden präsenter und ihr Rückzugsbedürfnis lässt nach. Sie werden großzügiger mit sich, vertreten ihre Meinung offensiver und interessieren sich mehr für die anderen. Ihre Teamfähigkeit nimmt deutlich zu und sie teilen ihr Wissen bereitwilliger mit anderen, auch aus eigener Initiative heraus.

Die Erfahrung, sich in der Krise mitzuteilen, bringt Beobachter wieder in Kontakt mit sich selbst und anderen

3.7.2 Werte- und Entwicklungsquadrate für Beobachter

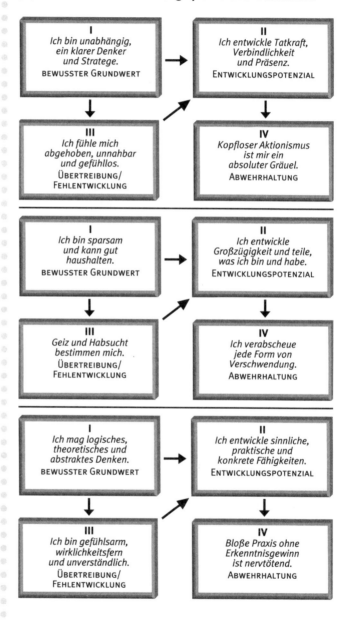

I	II
Ich bin unabhängig, ein klarer Denker und Stratege. BEWUSSTER GRUNDWERT	*Ich entwickle Tatkraft, Verbindlichkeit und Präsenz.* ENTWICKLUNGSPOTENZIAL
III	IV
Ich fühle mich abgehoben, unnahbar und gefühllos. ÜBERTREIBUNG/ FEHLENTWICKLUNG	*Kopfloser Aktionismus ist mir ein absoluter Gräuel.* ABWEHRHALTUNG

I	II
Ich bin sparsam und kann gut haushalten. BEWUSSTER GRUNDWERT	*Ich entwickle Großzügigkeit und teile, was ich bin und habe.* ENTWICKLUNGSPOTENZIAL
III	IV
Geiz und Habsucht bestimmen mich. ÜBERTREIBUNG/ FEHLENTWICKLUNG	*Ich verabscheue jede Form von Verschwendung.* ABWEHRHALTUNG

I	II
Ich mag logisches, theoretisches und abstraktes Denken. BEWUSSTER GRUNDWERT	*Ich entwickle sinnliche, praktische und konkrete Fähigkeiten.* ENTWICKLUNGSPOTENZIAL
III	IV
Ich bin gefühlsarm, wirklichkeitsfern und unverständlich. ÜBERTREIBUNG/ FEHLENTWICKLUNG	*Bloße Praxis ohne Erkenntnisgewinn ist nervtötend.* ABWEHRHALTUNG

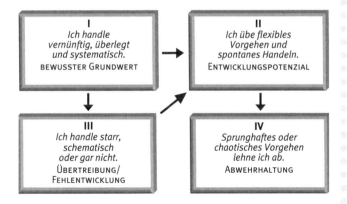

3.7.3 Tipps für Beobachter und ihr Selbstmanagement

- Schlüsselerfahrungen für Beobachter sind: mehr Präsenz zeigen und teilnehmen, entschlossen handeln, statt nur zu denken, Auskunft geben über sich und die eigenen Gefühle.
- Das geht leichter, wenn man selbst aktiv wird und Akzente setzt, anstatt sich vornehmlich darauf zu konzentrieren, sich Dinge vom Leib zu halten. So entstehen auch intensivere Bindungen.
- Werden Sie Schritt für Schritt verbindlicher, wenn man Sie um etwas bittet oder Sie einlädt. Sagen Sie mindestens einmal öfter „Ja" als „Nein".
- Die wichtigste Lernerfahrung für Beobachter ist, ihrem Rückzugsbedürfnis zu widerstehen – nicht immer, aber immer öfter. Es geht darum, eine gesunde Mischung zu finden zwischen Zeiten der Nähe und Zeiten der Distanz.
- Beobachter, die diese Lernfelder erkunden, werden großzügiger mit sich (und dem, was sie horten), geben mehr von sich preis und machen die Erfahrung, dass sie dabei nichts verlieren, sondern „reicher" werden. Das Leben kann ja noch viel spannender sein, als sie gedacht haben.
- Beobachter tun gut daran, mit Kollegen oder Beratern zusammenzuarbeiten, die ein Händchen für zwischenmenschliche Beziehungen haben und sie zu einer kooperativen und unterstützenden Haltung bewegen dürfen und können.

Nehmen Sie sich täglich einige Minuten Zeit und fragen Sie sich, wann und wo Sie heute Kraft aufgewendet haben, um sich etwas vom Leibe zu halten. Stellen Sie sich einmal vor, Sie hätten sich darauf eingelassen. Malen Sie sich konkret aus, wie die Situation verlaufen würde, was es von Ihnen verlangt und Ihnen möglicherweise auch bringt. Vielleicht stellen Sie fest, dass das Festhalten und Verweigern mehr Kraft kostet als das Einlassen. Versuchen Sie, Ihre Haltung bei nächster Gelegenheit zu korrigieren.

3.7.4 Tipps für einen guten Umgang mit Beobachtern

- Werden Sie nicht zu schnell persönlich und fragen Sie Beobachter nicht über persönliche Dinge aus. Sie legen großen Wert auf ihre Privatsphäre. Takt und Anstand sind hier wichtig.

- Achten Sie vor allem auf die Signale, wie viel Nähe gerade erwünscht ist. Vielleicht sind Sie ihnen schon viel zu nah auf die Pelle gerückt. Fragen Sie nach.

- Kündigen Sie sich vorher an und fassen Sie sich kurz, wenn Sie von ihnen etwas wollen. Beobachter brauchen Vorlaufzeiten. Kommen Sie schnell auf den Punkt und begründen Sie Ihre Forderung bzw. Ihren Wunsch. Sparen Sie sich Smalltalk!

- Achten Sie in der Kommunikation auf Ihre Lautstärke. Beobachter reagieren auf ein Zuviel sehr empfindlich. Gleiches gilt für Gedankenlosigkeit und zu viele Emotionen (Wut, Dramatisierung).

- Auch wenn es nicht so aussieht – in einem Beobachter steckt eine treue Seele. Sie brauchen allerdings viel Zeit, bis sie Vertrauen aufbauen. Damit sollte man sehr sorgfältig umgehen. Beobachter selbst tun das auch. Locken Sie einen Beobachter im Team ein wenig aus der Reserve. Aber machen sie kein Spiel daraus. Zeigen Sie ihm, dass Ihnen an seiner Meinung und aktiven Mitwirkung wirklich gelegen ist. Beobachter haben ein Talent für alle Dinge, bei denen es darum geht, den Überblick zu wahren.

- Beobachter signalisieren meistens *„Lass mich in Ruhe!"* Schonen Sie sie aber auch nicht zu sehr. Stellen Sie Ihre berechtigten Forderungen. Ziehen Sie sich dann aber für eine Weile zurück und geben Sie angemessen Zeit zum

Nachdenken. Beobachter sind weder besonders spontan noch flexibel. Nach einer (vereinbarten) Weile können Sie dann eine Entscheidung erwarten.

- Gruppenprozesse sind für Beobachter oft anstrengend. Auf der anderen Seite haben sie einen hervorragenden Blick für das Wesentliche, können exzellente Zusammenfassungen abliefern und sind ideale Zeitwächter. Überzeugen Sie Beobachter also davon, dass sie im Gruppenprozess gebraucht werden. Kommen Sie Ihnen aber entgegen, indem Sie keine Zeit verschwenden.

3.7.5 Erfahrungsberichte aus der Praxis

BENJAMIN, 39 JAHRE, RECHTSANWALT

Ich hatte früher kein Verständnis dafür, wenn Klienten bei der Schilderung ihrer Fälle emotional heftig reagierten. Es war mir ein Rätsel, wie man sich so „gehen lassen kann". Warum blieb mein Gegenüber nicht vernünftig und bewahrte einen kühlen Kopf? Bei Auseinandersetzungen mit Anwaltskollegen konnte ich nicht nachvollziehen, wenn sich jemand über meine ruhige und abgeklärte Art aufregte.

Heute ist mir klar, dass ich in solchen Situationen ziemlich arrogant gewirkt haben mag. Emotionale Ausbrüche können mich auch heute noch verunsichern und überfordern. Ich widerstehe aber immer öfter meinem Rückzugsbedürfnis und urteile nicht mehr so stark von oben herab.

Statt dessen versuche ich, standzuhalten und persönlich Stellung zu beziehen. Ich habe gelernt, die Rolle des Neutralen und scheinbar Objektiven zu verlassen und direkt zu sagen, was ich dazu denke und empfinde. Andere sagen mir jetzt, dass ich präsenter, verbindlicher und mitfühlender geworden bin und darüber freue ich mich besonders.

MARIA, 49 JAHRE, FREIBERUFLICHE LEKTORIN

Ich habe früher als Assistentin der Chefredakteurin in einem Verlag gearbeitet. Ständig kam sie mit neuen Teilaufträgen, die mich von dem abgehalten haben, was ich mir vorgenommen hatte. Ich hatte das Gefühl, nie fertig zu werden und immer mehr aufgeladen zu bekommen.

Die Kenntnis meines Persönlichkeitsprofils hat mich ermutigt, ihr vorzuschlagen, dass ich in Zukunft nur noch ganze Aufträge übernehme, wo ich von der Planung bis zum letzten Schliff alles selbst in der Hand habe. Dafür müsste ich aber andere Aufgaben delegieren.

Sie war einverstanden und das Ergebnis war für mich viel befriedigender. Ich habe gemerkt, wie wichtig mir selbstständiges, unabhängiges Arbeiten ist. Früher musste ich viel von meinem Wissen preisgeben, ohne selbst etwas davon zu haben. Das wollte ich nicht mehr. Die finanzielle Sicherheit hat mich lange vom Schritt in die Selbstständigkeit abgehalten. Heute bin ich froh, dass mir dieser gelungen ist. Ich habe nun alles selbst in der Hand und viele Störungen fallen weg. Ich organisiere mich gut, erledige eins nach dem anderen und arbeite viel entspannter.

3.8 Problemorientierung – Loyale Skeptiker

AUF EINEN BLICK

- vorsichtig
- pflichtbewusst
- treu
- hartnäckig
- Gefahren abwehrend

- risikobewusst
- analytisch
- detektivisch
- gründlich
- präventiv

1. Nichts ist so leicht, wie es aussieht.
2. Alles braucht länger, als man glaubt.
3. Wenn etwas schief gehen kann, dann geht es auch schief.
Unbekannt

Ich halte mich für einen begnadeten Hellseher.
Manche meinen hingegen, es handle sich dabei um Schwarz-
malerei.
Unbekannt

Der Zweifel ist der Wind im Kornfeld des Glaubens.
Werner Mitsch

Ein Pessimist ist ein ausgelernter Optimist.
Franz Josef Strauß

Hindernisse überwinden ist der Vollgenuss des Daseins.
Arthur Schopenhauer

Wer sich nicht in Gefahr begibt, der kommt darin um.
Wolf Biermann

Ein Skeptiker ist ein Mensch, der sogar seine Luftschlösser
durch Alarmanlagen sichert.
Unbekannt

3.8.1 Businessprofil von Skeptikern

GRUNDSTIL UND BERUFLICHE ENTWICKLUNG:

Uta Siegel ist 52 Jahre alt, hat Germanistik und Romanistik studiert und arbeitet seit drei Jahren als Fachbereichsleiterin und Dozentin für Deutsch an einem renommierten Kolleg, das dreisprachige Europa-Sekretäre/-innen ausbildet. Zuvor hatte sie bereits zehn Jahre freiberuflich für das Kolleg gearbeitet.

Nun ist sie froh, eine feste Anstellung bekommen zu haben, da beide Kinder studieren und ihr gleichaltriger Mann vor einigen Monaten einen schweren Unfall hatte und voraussichtlich dauerhaft arbeitsunfähig bleiben wird. Er ist Physiotherapeut mit eigener Praxis und es wird nicht leicht werden, die Praxis zu verkaufen. Und zu Frau Siegels Leidwesen hat ihr Mann – entgegen ihrem Rat – nur eine finanzielle Mindestvorsorge für solch einen Fall getroffen. *„Er war schon immer zu blauäugig. Aber als wir damals so wenig Geld hatten, wollte er nicht auch noch auf den Familienurlaub verzichten. Das hatte für ihn Priorität. Wenn er damals auf mich gehört hätte, dann hätten wir jetzt nicht solche Sorgen."*

Frau Siegel ist mit Leib und Seele Lehrerin. *„Ich glaube, meine Berufung gefunden zu haben. Aber das Problem bei uns in Deutschland ist der fehlende Praxisbezug im Unterricht. Bei uns am Kolleg müssen die Schüler ihr theoretisches Wissen permanent anwenden, nicht im Klassenzimmer, sondern draußen auf der Straße, in Geschäften oder Betrieben. Dabei coachen sie sich gegenseitig. Unsere Schülerinnen und Schüler kommen aus fast allen EU-Staaten zu uns, um sich hier ausbilden zu lassen. Auf unser einzigartiges Konzept sind wir zu Recht stolz."* Frau Siegel überzeugte die Leitung von ihrem Unterrichtskonzept. Es wurde daraufhin am ganzen Kolleg für den Deutschunterricht eingeführt, nachdem das Risiko über eine Zusatzversicherung abgedeckt wurde.

Das Sicherheitsbedürfnis steht im Vordergrund

Beim Persönlichkeitsprofil des loyalen Skeptikers steht das Sicherheitsbedürfnis ganz offensichtlich im Vordergrund. Das gilt für den materiellen Bereich genauso wie für den zwischenmenschlichen. Sie sind pflichtbewusst, treu und loyal, wenn sie sich zugehörig fühlen, bleiben aber immer wachsam und vorsichtig, insbesondere gegenüber Autoritäten. Für alle Eventualitäten des Lebens gewappnet zu sein und präventiv

Schaden abwenden, das ist es, was ihnen Sicherheit verschafft.

Tritt eine prognostizierte Katastrophe ein, reagieren Skeptiker spontan mit einem *„das habe ich doch gleich gesagt!"*, versuchen dann aber, das Problem zu lösen, so gut es geht. Tritt die Katastrophe nicht ein, haben sie zumindest das gute Gefühl, gut vorbereitet gewesen zu sein, *„man weiß ja nie ..."*.

FÜHRUNGSSTIL:

> Als Fachbereichsleiterin ist Frau Siegel auch für die Einsatzplanung der vorwiegend freiberuflichen Dozenten zuständig. Sie plant sorgfältig und langfristig und hat einen hochqualifizierten Dozentenstamm aufgebaut. Das fiel ihr nicht schwer, da sie schon so lange für das Kolleg arbeitet.
>
> Im Leitungsgremium hat sie zudem ein neues Honorarmodell für die freiberuflichen Kräfte durchsetzen können, das Leistung und Treue belohnt. Mit jedem Jahr, das die Dozenten für das Kolleg tätig sind, erhöht sich ihr Basishonorar um ein Prozent. Außerdem gibt es einen Leistungszuschlag, der von den Noten der Schüler in den bundesweit standardisierten Examenstests abhängig ist. Auch die Wochen-Feed-backs der Schüler werden mit bei der Leistungsbeurteilung herangezogen.
>
> *„Sie stellt hohe Anforderungen, aber sie ist immer fair, und wenn es Probleme gibt, stellt sie sich vor uns"*, loben sie die Dozenten. *„Schwieriger ist es mit ihr, wenn sie Bedenken hat. Dann braucht man viel Geduld und sehr, sehr gute Argumente."*

Skeptiker beweisen sich im Arbeitsleben als ideale Problemmanager. Wo ein Problem auftaucht, laufen sie meist zur Hochform auf, um alles wieder in sichere Bahnen zu lenken. Sie sind hartnäckig und bleiben am Ball, solange sie sich der Aufgabe gewachsen fühlen.

Skeptiker sind ideale Problemmanager

Skeptiker sind aber auch Bedenkenträger par excellence. Viele Sätze beginnen mit *„Ja, aber ..."* oder *„Das Problem ist ..."*. Sie beleuchten immer auch die Gegenseite eines Arguments. Das führt zu einer ambivalenten Grundhaltung, die sich auch in ihrem Führungsverhalten widerspiegelt. Obwohl

Bedenkenträger par excellence

Ambivalentes Verhalten verunsichert

Skeptiker großen Wert auf Sicherheit legen, verunsichern sie oft Mitarbeiter, Kollegen oder Chefs mit ihrem Verhalten. Vertrauensvolle Beziehungen sind Skeptikern sehr wichtig, hundertprozentig zu vertrauen ist für sie jedoch fast unmöglich.

Entscheidungen:

Für alle deutschen Kollegfilialen wurde im Zuge einer Revision ein neues Prüfungsformat eingeführt, dem die vorbereitenden Lehrmittel – Bücher, Videos und Tonkassetten – nun angepasst werden müssen.

Die Direktorin bittet angesichts der hohen Kosten um eine sorgfältige Marktanalyse, die sie Frau Siegel anvertraut. Diese hat von den einschlägigen Verlagen vor kurzem die ersten Entwürfe erhalten. Bereits bei flüchtigem Durchblättern hat sie spontan einen Favoriten, daher beginnt sie die Detailanalyse mit diesem Verlag. Der Gesamteindruck ist gut bis sehr gut. Sie hat jedoch auch einige Nachteile entdeckt, die gegen dieses Angebot sprechen. Frau Siegel ist unsicher und prüft nun die anderen Verlage.

Ausgeprägtes Pflichtbewusstsein

Skeptiker sind pflichtbewusste Menschen. Sie wollen Entscheidungen treffen, die einer kritischen Überprüfung standhalten. Sie wissen meistens ziemlich schnell, was sie wollen, handeln aber nicht unbedingt entsprechend. Zumindest nicht gleich, denn sie hinterfragen ihren ersten Impuls sofort. Rückversicherungen spielen bei ihnen eine große Rolle. Denn nichts darf schief gehen. Alles muss wasserdicht sein. Eilentscheidungen widerstreben ihrem Sicherheitsbedürfnis.

Zeitmanagement:

Nach einigen Tagen hat Frau Siegel eine detaillierte Bewertungsliste erstellt und die Auswahl auf zwei Verlage eingegrenzt. Darunter ist auch ihr Favorit. Für und gegen beide Verlage gibt es gewichtige Argumente. Je genauer Frau Siegel überlegt, desto mehr Zeit verstreicht und desto schwieriger wird die Entscheidung. Schließlich geht es darum, eine Fehlinvestition von zehntausenden Euro zu vermeiden.

Die Direktorin hat bereits zweimal nachgefragt, doch Frau Siegel hat sie vertröstet. Nun musste die Direktorin ihren Urlaub

> um eine Woche vorverlegen und die Angelegenheit wird bis zu ihrer Rückkehr in vier Wochen vertagt. Frau Siegel ist froh über den Aufschub.

Zeitmanagement ist für sie kein Problem, solange Skeptiker sich ausreichend kompetent fühlen und sie die Folgen ihres Handelns gut abschätzen können. Das ist aber nicht immer der Fall. Ihre ausgeprägten analytischen Fähigkeiten garantieren eine sorgfältige Prüfung.

Handlungsfolgen müssen gut abschätzbar sein

Der Prozess des „Hin-und-her-Überlegens" kann eine Entscheidung aber auch erschweren. Am Ende sehen sie dann aber oft nur noch die Argumente, die dagegen sprechen. Das Talent, die Stecknadel im Heuhaufen mit detektivischem Spürsinn aufzustöbern, verkehrt sich dann in sein Gegenteil: Entscheidungslähmung. Je weit reichender Entscheidungen sind und je unabsehbarer die Folgen, desto schwieriger werden sie und können für Skeptiker zu einer regelrechten Zeitfalle werden.

Das Bedürfnis, Entscheidungen hundertprozentig abzusichern, kann auch lähmend wirken

Skeptiker neigen außerdem dazu, sich zu sehr den Kopf der anderen zu zerbrechen: *„Was denkt der andere (über die Sache oder mich)? Wie wird er reagieren, wenn ich so handle? Ist er auf meiner Seite?"* Auch dieses Verhalten kann für Skeptiker zu einer Zeitfalle werden.

UNTER STRESS:

> Frau Siegel muss die Direktorin überraschend vertreten, weil die eigentlich dafür zuständige Verwaltungsleiterin plötzlich erkrankt ist. Beide führen ein mehrstündiges Übergabegespräch. Frau Siegel ist nervös und angespannt angesichts der großen Verantwortung, die nun auf ihr lastet. *„Ich verlasse mich voll und ganz auf Sie"*, verabschiedet sich die Direktorin. *„Denken Sie bitte noch an die Vorverlegung des neuen Kurses, der in drei Wochen beginnt, auf Montag, statt Dienstag."*
> Frau Siegel beginnt am Montag gleich, den Aufgabenberg abzuarbeiten. Kurz vor Büroschluss aktualisiert sie noch die alten Dateien mit den Benachrichtigungen für den neuen Kurs und gibt die Briefe in die Post. Drei Wochen später platzt die Direktionssekretärin in ihr Büro: *„Die Dozentin des neuen Kurses ist nicht erschienen und die Schüler stehen ganz allein*

da!" Frau Siegel gerät in Panik. Sie kontrolliert sofort die Korrespondenz und entdeckt, dass sie im Brief an die Dozentin versäumt hat, das Datum des Kursbeginns auf Montag zu ändern. Sie eilt sofort in die Klasse. *„Das ist natürlich ein ganz schlechter Start, den ich Ihnen da beschert habe. Aber ich werde mein Bestes tun, dass dieser Tag für Sie nicht verloren ist."*

Einige Schüler murren zwar etwas, aber die meisten zeigen sich verständig. Es gelingt Frau Siegel sogar, einen guten Einstieg in die Ausbildung zu improvisieren. Am Ende des Tages ist sie jedoch völlig erledigt. *„Die Direktorin wird mir bestimmt kündigen. In der gegenwärtigen Lage wäre das für meine Familie eine Katastrophe. In meinem Alter finde ich doch nichts mehr…"*

Verantwortung ist
für Skeptiker eine
große Bürde

Die Last der Verantwortung ist für Skeptiker eine große Bürde. Geht etwas schief und sind sie daran schuld, dann stellen sich schnell wahre Schreckensszenarien ein, was die Folgen sein könnten.

Skeptiker neigen zu Projektionen. Im Geiste durchlaufen sie alles bis in die schlimmstmögliche Konsequenz. Wenn ihnen das Wasser bis zum Hals steht, dann gibt es nur noch zwei Möglichkeiten, Flucht oder entschlossenes Handeln. Doch auch wenn sie richtig handeln, geht ihnen ihr Fehler noch lange nach und sie übersteigern in ihrer Fantasie die möglichen Konsequenzen.

DIE WENDE:

Am nächsten Tag meldet sich die Verwaltungsleiterin gesund zurück. In der Kaffeepause schaut sie bei Frau Siegel vorbei und sieht sofort, dass diese Kummer hat. *„Wenn es Probleme gibt, dann raus damit. Ich unterstütze Sie gern, wenn ich kann. Sie haben hier ja schließlich ganz allein die Stellung halten müssen."*

Zögernd nimmt Frau Siegel das Angebot an und schildert der Kollegin den Vorfall. Frau M. ist betroffen, in welche Szenarien sich Frau Siegel hineingesteigert hat. Gemeinsam analysieren sie den Vorfall und die möglichen Konsequenzen noch einmal Punkt für Punkt. *„Das ist natürlich ganz dumm gelaufen"*, sagt Frau M., *„aber nach meinem Empfinden haben Sie alles Ihnen*

> Mögliche getan, um die Situation zu retten. Mehr konnten Sie nicht tun. Warten wir ab, wie das Urteil der Schüler im Wochen-Feed-back ausfällt. Das können Sie dann am Montag mit der Chefin auswerten. Eine Kündigung hielte ich hier für völlig unangemessen."
>
> Ganz sind Frau Siegels Zweifel zwar nicht ausgeräumt, sie fühlt sich jedoch erleichtert und kann ihre Arbeit nun viel konzentrierter fortsetzen. Am Montag wird Sie gleich bei ihrer Chefin vorstellig. Diese reagiert gelassen. „So ein Fehler sollte natürlich nicht unterlaufen, aber Sie haben die Sache souverän gerettet, wie das Kurs-Feed-back belegt. Ansonsten haben Sie hervorragende Arbeit geleistet. Ich bin sehr zufrieden damit."

Frau M. reagiert in diesem Fall sehr gut. Sie versucht nicht, Frau Siegel ihre Ängste auszureden. Punkt für Punkt geht sie mit ihr alles durch, was vorgefallen ist. Alle Befürchtungen werden auf die Waagschale gelegt, ob sie wirklich entscheidendes Gewicht haben. Das hilft Skeptikern, selbst zu einer realistischeren Lagebeurteilung zu kommen. Dadurch entsteht ein Gegengewicht zu den Szenarien, in die sie sich hineingesteigert haben und sie können sich entspannen.

Projektionen und Krisenszenarien Punkt für Punkt realistisch beurteilen

DIE NEUE PERSPEKTIVE:

> Frau Siegel ist erleichtert, dass die Direktorin weiter hinter ihr steht, trotz der Panne. Auch bei Frau M. bedankt sie sich für die Unterstützung.
>
> „Ich bin überwältigt von so viel Vertrauen in mich. Es hat mir vor allem gut getan, dass Sie meine Sorgen und Gedanken ernst genommen haben. Wenn so ein Film bei mir läuft, ist er kaum noch zu stoppen. Darauf zu vertrauen, dass ich auch Fehler machen darf, ohne dass man mich fallen lässt, ist eine harte Prüfung für mich. Ich werde mir in Zukunft Mühe geben und rechtzeitig um Hilfe zu bitten, wenn mich eine Sache überfordert und ich mich in etwas hineinsteigere."
>
> „Vielleicht geht es auch ohne Mühe", antwortet Frau M. augenzwinkernd.

Skeptikern fällt es oft schwer, darauf zu vertrauen, dass alles gut ausgehen wird. Darin müssen sie sich üben. Gelassen zu

Lernen, sich in Vertrauen zu üben

bleiben, wenn ihre Gefahrensensoren „Vorsicht" signalisieren, ist ein wichtiges Training für sie. Sie werden dann ruhiger und souveräner. Sie geben anderen bei Fehlern auch leichter eine zweite Chance. Sie haben gelernt, zwischen Wirklichkeit und Einbildungen zu unterscheiden. Sie stellen sich ihren inneren Ängsten, anstatt vor ihnen davon zu laufen oder sie auf andere zu projizieren. Dass Dinge auch leicht gehen können, ganz ohne Anstrengung und Mühe, stellt für sie eine ganz neue Perspektive dar.

3.8.2 Werte- und Entwicklungsquadrate für Skeptiker

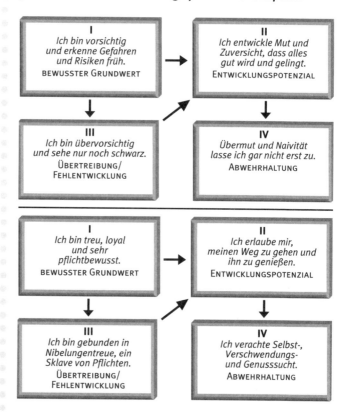

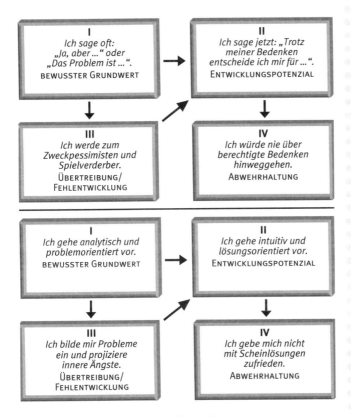

3.8.3 Tipps für Skeptiker und ihr Selbstmanagement

- Lernen Sie, Ihre Ziele positiv zu formulieren. Manchmal hilft es, den ersten Impuls in sein Gegenteil zu verkehren ...
- Üben Sie sich darin, immer öfter mal auf das „aber" hinter dem „ja" zu verzichten.
- Oder Sie ersetzen das „aber" durch ein *„und was mir darüber hinaus noch wichtig ist ... "*. So schränken Sie nicht ein, sondern erweitern den Horizont.
- Wenn Sie anfangen, anderen Vorwürfe zu machen, schauen Sie darauf, wo und warum Sie möglicherweise mit sich selbst nicht im Reinen sind. Projektionen lenken meistens von eigenen Themen ab.
- Wenn Sie das Gefühl bekommen, dass andere etwas gegen Sie haben oder etwas im Schilde führen, fragen Sie sofort nach, ob der Eindruck stimmt, bevor die Sache eskaliert.

- Wenn Sie von anderen gelobt werden oder Ihnen jemand etwas Nettes sagt, widerstehen Sie dem Impuls, es abzuwerten. Sagen Sie einfach *„Danke schön."*
- Üben Sie sich in Glauben und Vertrauen, dass alles gut ausgehen wird. Immer wieder. Und lassen Sie sich auch von einer negativen Erfahrung nicht gleich ins Bockshorn jagen. Riskieren Sie einen zweiten Blick und geben Sie eine neue Chance.
- Achten Sie bewusster darauf, dass Sie sich nicht nur mit problematischen Dingen befassen. Sie dürfen auch genießen und es sich gut gehen lassen – ohne ein schlechtes Gewissen zu haben. Sie werden ausgeglichener und weniger hektisch. Auch Ihre Mitmenschen werden es Ihnen danken.

EINE KLEINE ÜBUNG FÜR DIE NÄCHSTEN VIER WOCHEN:

Nehmen Sie sich jeden Tag ein paar Minuten Zeit, um über folgende Fragen nachzudenken: Wenn Sie heute hätten tun können, was Sie am liebsten möchten, was hätten Sie dann getan? Ganz konkret! Was hat Sie daran gehindert, dies zu tun? Notieren Sie sich alles, was dagegen sprach. Was hätten Sie gewinnen können, wenn Sie es dennoch getan hätten? Notieren Sie sich auch diese Dinge.

3.8.4 Tipps für einen guten Umgang mit Skeptikern

- Geben Sie unumwunden zu, wenn Sie in Nöten sind. Skeptiker verstehen Nöte. Das ist ihr Leben!
- Halten Sie Wort. Nichts fördert die Bindung und die Treue bei einem Skeptiker mehr als die Erfahrung, dass Sie halten, was Sie versprechen. Skeptiker schauen genau auf die Übereinstimmung zwischen Ihren Worten und Taten. Glauben Sie aber nicht, dass sie Ihnen sofort Vertrauen schenken werden. Es kann Jahre dauern, bis dafür das Fundament gelegt ist.
- Skeptiker sind bereit, mit Ihnen durch dick und dünn zu gehen, solange Sie selbst loyal sind. Belohnen Sie diese Bereitschaft und dieses Engagement.
- Geben Sie Fehler, die Sie gemacht haben, unumwunden zu. Sonst stehen Sie bei Skeptikern auf verlorenem Posten und riskieren ihre Loyalität. Damit treiben Sie sie nur in die Opposition.

- Legen Sie alle Karten auf den Tisch. Skeptiker spüren es ohnehin, wenn Sie etwas zurückhalten. Es kann sie lähmen, aber auch anstacheln, wenn sie sich nur auf diesen Punkt konzentrieren müssen. Beides mindert ihre Arbeitsergebnisse erheblich.
- Gute Nachrichten hören wir doch alle gern – könnte man denken. Komplimente, Begeisterung und uneingeschränktes Lob können Skeptikern jedoch Angst machen. Sie wittern dahinter den Versuch, sie zu ködern oder zu täuschen.
- Sagen Sie einem Skeptiker niemals *„Machen Sie sich darüber mal keine Sorgen!"* Besser ist da schon: *„Ja, diese Sorge könnte berechtigt sein. Es ist vorstellbar. Lassen Sie uns dem auf den Grund gehen. Was könnten wir da tun?"* Skeptiker sind problemorientiert. Machen Sie sich ein Stück dieser Sichtweise zu Eigen, das verbindet. Wenn Sie gute Gegenargumente haben, lassen sich Skeptiker durchaus überzeugen.
- Nutzen Sie das Talent von Skeptikern, Risiken und Gefahren aufzuspüren, auch zum Wohle des Teams. Aber sprechen Sie mit ihnen den richtigen Zeitpunkt und die richtige Form ab, um ihre Bedenken einzubringen. An der falschen Stelle wird ihre Art nämlich als destruktiv erlebt. Zeigen Sie dem Team auf, was die positive Absicht hinter diesem Verhalten ist. Das kann Brücken bauen.

3.8.5 Erfahrungsberichte aus der Praxis

ASTRID, 38 JAHRE, DOZENTIN FÜR DEUTSCH ALS FREMDSPRACHE

Gerade habe ich wieder so eine typische Situation erlebt. Ich ließ im Unterricht paarweise einen Dialog lesen. Mir war klar, dass er für die Guten zu leicht ist, die Schwachen aber sehr fordert. Bei der Bildung der Paare habe ich jedoch nicht auf eine Mischung geachtet. Nach einer Weile fingen zwei junge Männer an, ziemlich laut auf Arabisch miteinander zu diskutieren. Niemand fuhr mehr mit der Übung fort.

Früher hätte ich in so einer Situation starke körperliche Reaktionen (Schweißausbrüche, Bauchschmerzen) bekommen und eine innere Stimme hätte sich gemeldet: *„Du hast versagt. Du bist keine gute Lehrerin."* Außen hätte man mir wahrscheinlich nichts angemerkt. Die innere Stimme und der Körper klopfen zwar immer noch an, aber ich kann jetzt viel ruhiger bleiben. Eine zweite innere Stimme kommt hinzu, die sagt: *„ Es ist nichts wirklich Schlimmes passiert und vielleicht hat es gar nichts mit dir zu tun."*

Ich rief die beiden höflich zur Räson, sodass der Unterricht fortgesetzt werden konnte. Nachher stellte sich tatsächlich heraus, dass der eine schon morgens genervt war und als der andere dann zu leise las, hat er ihn angefaucht. Mit mir hatte die Sache nichts zu tun.

JOHANNES, 52 JAHRE, HERSTELLER VON PRÄZISIONSINSTRUMENTEN

Die Fähigkeit, Probleme vorauszusehen, hat mich als Unternehmer vor manchem Schaden bewahrt. Im Ungang mit meinen Mitarbeitern und Kunden bin ich viel lockerer geworden, seit ich mein Persönlichkeitsprofil kenne und mich besser reflektieren kann. Wenn sich bei mir Bedenken melden, dann frage ich nach und prüfe meine spontane Einschätzung. Ich mache die Erfahrung, dass vieles doch nicht so gravierend ist, wie ich zunächst dachte.

Neulich hätte ich eine Lieferung fast zurückgerufen aus Furcht, dass unvertretbare Mängel vorliegen könnten. Dabei war der Kunde nur besonders gründlich bei der Abnahmeprüfung – ein Profilkollege, wie ich vermute. Im Kontakt wurde das deutlich. Wir haben jedes „Wenn und Aber" durchgekaut. Es hat uns beiden richtig Spaß gemacht.

Da mein Stellvertreter ein Perfektionist ist, passieren uns aber nur ganz selten Pannen und ich ertappe mich immer öfter dabei, dass ich ihm sage: *„Lass mal gut sein. Wir haben genug getüftelt. Das wird schon hinhauen."*

3.9 Genussorientierung – Lebensfrohe Optimisten

AUF EINEN BLICK

- ideenreich
- vielseitig
- zukunftsorientiert
- idealistisch
- spontan

- neugierig
- aufgeschlossen
- prozessorientiert
- innovativ
- lösungsorientiert

*Ein Optimist steht nicht im Regen –
er duscht unter einer Wolke.*
Unbekannt

*Für den Optimisten ist das Leben kein Problem,
sondern bereits die Lösung.*
Marcel Pagnol

*Der Pessimist glaubt, was er fürchtet,
der Optimist glaubt, was er hofft.*
Unbekannt

*Langfristig mag der Pessimist Recht bekommen,
aber der Optimist hat bis dahin die vergnüglichere Reise.*
Daniel Reardon

*Um das Problem zu lösen machte ich mir zuerst einen Plan
und entschied mich dann leichten Herzens für etwas völlig
anderes.*
Unbekannt

Wer dem Genuss nachjagt, findet nur den Überdruss.
Königin Christine von Schweden

*Der Unterschied zwischen einem Pessimisten und einem
Optimisten besteht lediglich im Datum des Weltuntergangs.*
Unbekannt

3.9.1 Businessprofil von Optimisten

GRUNDSTIL UND BERUFLICHE ENTWICKLUNG:

Tanja Wilhelm ist 33 Jahre alt, Diplomsportlehrerin und Gesundheitsberaterin. Sie hat vor zwei Jahren ein exklusives Fitnessstudio für Frauen eröffnet und damit eine Marktnische in der Stadt besetzt. Die Fitnessgeräte, der Wellnessbereich und die gesamte Einrichtung sind vom Feinsten. Ihre Hauptklientel sind berufstätige Frauen zwischen 25 und 40.

Frau Wilhelm hat eine positive Ausstrahlung, ist zukunftsorientiert, stets optimistisch und meistens gut gelaunt. Sie hat ein junges und dynamisches Mitarbeiterteam um sich versammelt: vier fest angestellte Kräfte, 12 Trainerinnen auf Honorarbasis und mehrere Aushilfen. Nach vielen Werbeaktionen zu Beginn floriert das Geschäft nun. Das Studio hat inzwischen mehr als 500 Abonnentinnen.

Die Kundinnen schätzen die kompetente Beratung und die freundliche und lockere Atmosphäre im Team. Frau Wilhelm legt großen Wert auf ein vielseitiges Angebot und versucht, ihren Kundinnen stets die neuesten Trends zu präsentieren. Regelmäßig bietet sie dazu freiberuflichen Trainerinnen die Möglichkeit, neue Angebote rund um das Thema „Ganzheitliche Fitness für Körper, Geist und Seele" bei ihr vorzustellen. Diese können die Kundinnen dann kostenlos testen. Bei entsprechender Nachfrage übernimmt Tanja die Angebote in das feste Studio-Programm.

Tanja hat viele Interessen und Hobbys, die sie allerdings in den letzten zwei Jahren aus Zeitmangel zurückstellen musste, was ihr nicht leicht fiel. *„Vor allem das Reisen fehlt mir. Aber ich stelle mir oft vor, dass ich irgendwo wäre, wo ich immer schon mal hin wollte. Das ist auch etwas!"*

Tanja Wilhelm ist eine typische Vertreterin des Persönlichkeitsprofils des Optimisten: ideenreich, neugierig und aufgeschlossen. Optimisten genießen das Leben und lieben es zu planen. Bei ihnen geht es oft nach dem Motto: Vorfreude ist die beste Freude.

Optimisten genießen das Leben und lieben es zu planen

Da sie über eine lebhafte Fantasie verfügen, können sie sich im Geiste blitzschnell in einen Zustand versetzen, in dem ihre Wünsche schon in Erfüllung gegangen sind. Innovationen stehen bei Optimisten hoch im Kurs, denn sie versprechen Span nung, Abwechslung und Spaß. Optimisten geht es gut, solange ihnen viele Möglichkeiten offen stehen. Ängsten weichen sie lieber aus – sie gehören zu jenen, die pfeifend in den Keller gehen.

Innovationen stehen hoch im Kurs

Führungsstil:

> Frau Wilhelm kann gut auf andere Menschen zugehen und versprüht meistens gute Laune. *„Probleme haben unsere Kundinnen zu Hause und im Beruf genug. Hier sollen sie Kraft tanken, Spaß an der Bewegung haben und sich entspannen."*
>
> Frau Wilhelm bevorzugt einen kollegialen Führungsstil. *„Wir duzen uns hier alle. Ich mag es gar nicht, die Chefin raushängen zu lassen und rumzukommandieren."* „Sie ist ein Motivationstalent, kann andere begeistern und mitreißen", sagt Brigitte Z., eine Mitarbeiterin der ersten Stunde. *„Sie ist eher wie eine Freundin zu uns als wie eine Chefin."*

Kollegialer Führungsstil heißt aus der Sicht eines Optimisten so viel wie *„Wir sitzen doch alle im selben Boot"*. Sie neigen dazu, Hierarchien einzuebnen – in beide Richtungen. Solange es keine größeren Reibungen gibt, kann das gut funktionieren. Die unangenehmen Seiten des Führens mögen Optimisten nicht: angegriffen werden, aggressiv vorgehen, Konflikte austragen, abmahnen. Gängelung können sie nicht leiden und so gehen sie meist auch mit anderen um.

Optimisten neigen dazu, Hierarchien einzuebnen

Entscheidungen:

> *„Ich weiß, was ich will"*, sagt Frau Wilhelm über sich selbst. *„Das Dumme ist oft nur, dass ich zu viel gleichzeitig will."* Bislang war sie allein für die Geschäftsführung zuständig, *„wobei ich immer offen für Anregungen und neue Ideen bin und die Unterstützung aus dem Team sehr schätze."*
>
> *„Man darf sich nicht täuschen lassen durch den ersten Eindruck. Sie erwartet, dass wir hier ihre Visionen umsetzen und nicht unsere eigenen, auch wenn sie uns immer wieder auffordert, uns kreativ einzubringen"*, fügt Brigitte Z. hinzu. *„Wenn es sich um Pläne und Angenehmes handelt, ist Tanja sehr entscheidungsfreudig. Bei Konflikten und Unangenehmem mogelt sie sich aber auch ganz gern um Entscheidungen herum."*

Optimisten schaffen schnell Zusammenhänge

Die große Stärke von Optimisten besteht darin, schnell verschiedenste Arten von Informationen in ein zusammenhängendes Schema zu bringen, Trends zu erfassen, zu vernetzen. Solange sie Spaß an einer Sache haben und ihr Idealismus genügend Nahrung erhält, sind sie entscheidungsfreudig, neigen manchmal aber auch zu Schnellschüssen.

Sich festzulegen fällt Optimisten nicht leicht

Sich festzulegen fällt Optimisten nicht leicht. Sie halten sich gern ein Hintertürchen offen, denn es könnte sich ja noch eine viel spannendere Alternative bieten, die sie nicht verpassen wollen. Oft haben sie einfach zu viele gute Ideen. Auch das kann Entscheidungen erschweren. Und wenn es um unangenehme Dinge geht, dann sind Optimisten wahre Meister im Ausweichen und Thema wechseln.

ZEITMANAGEMENT:

> Über die geschäftsführende Tätigkeit hinaus gibt Frau Wilhelm an drei Nachmittagen Salsa-Aerobic-Kurse und ist für ihre Kundinnen fast immer ansprechbar. *„Ich halte mich für ein Organisationstalent. Wenn ich von etwas überzeugt bin, dann kriege ich das auch hin."*
>
> *„Sie hat eine schnelle Auffassungsgabe und arbeitet superfix – solange sie interessiert ist",* sagt ihr Mann, mit dem sie seit drei Jahren verheiratet ist, *„aber wehe, ihre Motivationsschwelle wird unterschritten und sie langweilt sich. Dann wendet sie sich einfach einer spannenderen Angelegenheit zu, da können noch so viele Mahnungen des Finanzamts zur Abgabe der Steuererklärung auf dem Tisch liegen. Jetzt haben wir zum Glück einen Steuerberater, der sich um so etwas kümmert."*

Optimisten managen ihre Zeit auf spielerische Art. Sie tun oft mehrere Dinge parallel. Solange sie konzentriert sind, kann das gut funktionieren. Wenn sie voll in Aktion sind, gerät ihr

Optimisten nehmen sich meist zu viel vor

Zeitgefühl aber zuweilen aus dem Lot. Sie nehmen sich zu viel vor und packen das Programm zu voll. Das ist ihre größte Zeitfalle.

Angekündigte Punkte können diesem Zeitmanagement zum Opfer fallen. Ungenauigkeiten, Fehler und zu viele „lose Enden" sind die Folge. Dagegen helfen nur Disziplin und ausreichende Pufferzeiten. Langeweile ist Optimisten ein Graus – sie hat bei ihnen aber auch nur wenig Chancen.

UNTER STRESS:

> Tanja hat selten mehr als drei Tage am Stück frei. Sie würde gern kürzer treten, kann sich dies wegen der hohen Schulden zurzeit aber nicht leisten. Seit einiger Zeit diskutiert sie mit ihren Festangestellten die Möglichkeiten, mehr Verantwortung an sie zu delegieren. Eine Entscheidung ist aber noch nicht gefallen.
>
> *„Letzte Woche kam dann der Hammer"*, sagt Brigitte. Eine junge freiberufliche Kollegin – Tanja fand sie spontan sympathisch – hatte in der Trend-Reihe individuelle Ernährungsberatungen (Heilfasten in Verbindung mit speziellen Bewegungs- und Kraftprogrammen) angeboten, die bei den Kundinnen auf große Resonanz gestoßen sind. *„Tanja hat mir zugesagt, mich als Location Managerin und Ernährungsberaterin fest einzustellen"*, teilte die Kollegin Brigitte freudestrahlend mit.
>
> Diese stellte Tanja darauf hin unter vier Augen zur Rede: *„Ich verstehe dich nicht. Warum machst du ihr solche Versprechungen?" „Ich habe ihr gar nichts versprochen, wir haben nur über mögliche Optionen gesprochen"*, entgegnet Tanja. *„Das sieht die Kollegin aber anders! Außerdem halte ich es nicht für fair, mit uns wochenlang darüber zu diskutieren, wie wir dich entlasten können, ohne dass höhere Kosten entstehen und dann anderen Versprechungen zu machen."*
>
> *„Mach mir bitte keine Vorschriften, wie ich mein Unternehmen zu führen habe"*, entgegnet Tanja energisch. Die Situation droht zu eskalieren.

Wenn sie voll in Fahrt sind und sich sicher fühlen, versprechen Optimisten manchmal mehr als sie halten können. Was aus ihrer Sicht nicht mehr als eine Möglichkeit (unter vielen) ist, kann bei anderen als feste Zusage ankommen, auf die sie sich verlassen.

Optimisten versprechen manchmal mehr als sie halten können

Optimisten haben die Dinge nicht immer zu Ende gedacht. Will man sie dann auf ihren Versprechungen festnageln, geraten sie unter Stress. Sie fühlen sich in ihrer Freiheit beschränkt und das dulden sie nicht. Dann kann sich eine andere Seite bemerkbar machen, die man zunächst nicht bei ihnen vermutet: sie machen dicht, werden eng und rechthaberisch. Eine Lösung ist dann schwierig. Ist ihr Sicherheitsschirm jedoch aktiviert, agieren Optimisten vorsichtig und zurückhaltend.

Optimisten lassen sich ungern in ihrer Freiheit einschränken

DIE WENDE:

> Brigitte bleibt ruhig und sachlich. *„Ich will dir keine Vorschriften machen, aber ich brauche eine klare Linie, auf die ich mich verlassen kann. Ich will ehrlich zu dir sein. Ich fühle mich verletzt, weil ich den Eindruck bekomme, dass mein guter Wille übergangen wird. Ich weiß, dass das nicht deine Absicht war, aber das ist die Wirkung deines Schnellschusses."*
>
> Tanja schweigt betroffen. Die Situation ist ihr furchtbar unangenehm. Am liebsten würde sie davonlaufen, aber sie spürt, dass das ganz falsch wäre. Schließlich gibt sie sich einen Ruck, denn sie schätzt Brigitte und ihre Loyalität sehr. *„Okay, ich habe Mist gebaut. Was soll ich deiner Meinung nach jetzt tun? Du brauchst mich nicht zu schonen"*, sagt sie, doch das Herz schlägt ihr bis zum Hals. Sie reden bis weit nach Mitternacht und finden dann eine gute Lösung, von der alle profitieren.
>
> Am nächsten Tag bittet Tanja die Kollegin zu einem Gespräch: *„Ich habe dir etwas versprochen, was ich nicht halten kann. Es tut mir Leid. Ich kann dir im Moment nicht mehr zusagen, als dass du hier auf freiberuflicher Basis mitarbeiten kannst – wenn du noch willst."* Diese entgegnet: *„Ich bin traurig, dass es nicht klappt mit der Festanstellung, aber auch froh, dass du die Sache schnell klärst. Ich werde mir dein Angebot überlegen und mich nach dem Wochenende entscheiden."*

Unangenehmes meiden
Optimisten gerne

Sich mit Unangenehmem zu befassen kostet Optimisten viel Überwindung. Gewohnheitsmäßig finden sie tausend Rechtfertigungen dafür, dass nicht sie schuld sind am Dilemma.

Verfechter des
Win-Win-Prinzips

Sie sind jedoch auch leidenschaftliche Verfechter des Win-Win-Prinzips, bei dem alle gewinnen und niemand das Gesicht verliert. Sie können aus ihrer Blockade herauskommen, wenn dieser Punkt in den Mittelpunkt gestellt wird. Dann lässt sich auch eine schonungslose Analyse des Vorgefallenen durchführen.

Vorsicht jedoch mit ungebetenen Negativ-Rückmeldungen: Ansonsten kann es passieren, dass Sie bei Optimisten unten durch sind, denn diese sind durchaus nachtragend. Dann merkt man das im Hintergrund Regie führende Sicherheitsbedürfnis deutlich. Und lassen Sie sich nicht täuschen – ein unangenehmes Feed-back geht Optimisten näher als sie zeigen (können).

DIE NEUE PERSPEKTIVE:

> Tanja ist erleichtert und dankt Brigitte für ihr Eingreifen. *„Sonst wäre alles vielleicht noch viel schlimmer gekommen."* Mit ihrem Mann spricht sie lange über die möglichen Änderungen im Betrieb.
>
> Einige Tage später unterbreitet sie den fest angestellten Mitarbeiterinnen folgenden Vorschlag: *„Ich biete Euch die Leitung der Arbeitsbereiche Krafttraining, Bewegung, Stille und Location Management an. Eine Gehaltserhöhung ist im Moment allerdings nicht drin. Bei einem höherem Gewinn am Ende des Jahres erhaltet ihr jedoch eine Beteiligung. Hier warte ich noch auf die Zahlen meines Steuerberaters und dann können wir das vertraglich festzurren. Wenn Ihr mit dieser Lösung einverstanden seid, könnte ich mich auf die geschäftsführende Tätigkeit konzentrieren. Ein Pflichtenheft für die einzelnen Arbeitsbereiche – inklusive meinem – werden wir zusammen erstellen."*
>
> Die Reaktion der Mitarbeiterinnen ist positiv, alle wollen mitmachen. *„Auch möchte ich mich bei Euch für die kopflose Aktion in der letzten Woche entschuldigen. Besonders dir, Brigitte, bin ich dankbar dafür, dass du mir den Kopf gewaschen hast. Das tat zwar weh, aber ich weiß nicht, ob es ohne geklappt hätte. Ich bin ziemlich zäh, wenn ich etwas nicht wahrhaben will."*

Das Motto für die neue Perspektive lautet für Optimisten: „Weniger ist oft mehr". Schlüsselthemen sind: nicht mehr überall mitmischen, verbindlicher werden, Unangenehmes konsequent und ehrlich angehen. Alles, was für mehr Klarheit, Struktur und Zuverlässigkeit sorgt, ist hilfreich.

Weniger ist oft mehr

„Weniger" bedeutet dann, Freiräume schaffen für das wirklich Wesentliche im Leben. Optimisten, die sich auf diesen Weg wirklich einlassen, werden disziplinierter und berechenbarer. Sie versprechen nur noch, was sie auch wirklich einhalten können. Die Konzentration auf das Wesentliche lässt sie mehr in sich ruhen. Es passieren weniger Pannen und es werden auch keine Kräfte mehr vergeudet.

Die Konzentration auf das Wesentliche lässt sie mehr in sich ruhen

Davon profitieren nicht nur sie selbst, sondern auch ihr ganzes Umfeld. Es überrascht Optimisten vielfach, dass sie dabei nichts von ihrer Zuversicht und ihrer positiven Ausstrahlung einbüßen.

3.9.2 Werte- und Entwicklungsquadrate für Optimisten

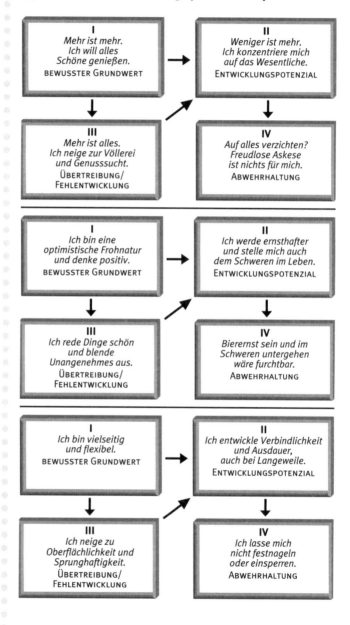

I
Mehr ist mehr.
Ich will alles
Schöne genießen.
BEWUSSTER GRUNDWERT

II
Weniger ist mehr.
Ich konzentriere mich
auf das Wesentliche.
ENTWICKLUNGSPOTENZIAL

III
Mehr ist alles.
Ich neige zur Völlerei
und Genusssucht.
ÜBERTREIBUNG/
FEHLENTWICKLUNG

IV
Auf alles verzichten?
Freudlose Askese
ist nichts für mich.
ABWEHRHALTUNG

I
Ich bin eine
optimistische Frohnatur
und denke positiv.
BEWUSSTER GRUNDWERT

II
Ich werde ernsthafter
und stelle mich auch
dem Schweren im Leben.
ENTWICKLUNGSPOTENZIAL

III
Ich rede Dinge schön
und blende
Unangenehmes aus.
ÜBERTREIBUNG/
FEHLENTWICKLUNG

IV
Bierernst sein und im
Schweren untergehen
wäre furchtbar.
ABWEHRHALTUNG

I
Ich bin vielseitig
und flexibel.
BEWUSSTER GRUNDWERT

II
Ich entwickle Verbindlichkeit
und Ausdauer,
auch bei Langeweile.
ENTWICKLUNGSPOTENZIAL

III
Ich neige zu
Oberflächlichkeit und
Sprunghaftigkeit.
ÜBERTREIBUNG/
FEHLENTWICKLUNG

IV
Ich lasse mich
nicht festnageln
oder einsperren.
ABWEHRHALTUNG

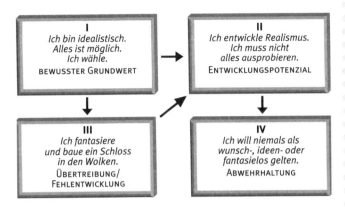

3.9.3 Tipps für Optimisten und ihr Selbstmanagement

- Lernen Sie die Kunst der Selbstbeobachtung; wie Sie das Thema wechseln, den Ball zurückspielen oder auf andere Weise von sich ablenken, wenn Sie mit Unangenehmem konfrontiert werden. Stellen Sie sich den Dingen, bevor mehr daraus wird als nötig.
- Suchen Sie sich in Ihrer Nähe jemanden, von dem Sie sich kritische Dinge sagen lassen; jemand, der Sie auf den Boden holen darf und bei der Stange hält, wenn Ihnen das Durchhaltevermögen fehlt oder die Dinge langweilig werden.
- Bei Entscheidungen neigen Optimisten zu Schnellschüssen. Schlafen Sie eine Nacht drüber. Lassen Sie sich zumindest Zeit und entscheiden Sie nicht ad hoc, auch wenn das anstrengend erscheint. Hören Sie auf jene, die Sinn für Machbares, Realistisches und Risiken haben und die Belastbarkeit von Mitarbeitern gut einschätzen können.
- Sie haben viel Fantasie. Tun Sie regelmäßig Dinge, die Sie erden und im Moment verankern: stille Meditation oder andere Betätigungen, die verlangsamen, wie Gartenarbeit oder Tagebuch schreiben.
- Werden Sie sich bewusst, wie wichtig es Ihnen ist, sich möglichst viele Optionen offen zu halten und wie schwer es für Ihr Umfeld oft sein kann, damit klarzukommen. Üben Sie sich darin, sich bewusst festzulegen, das eine zu tun und anderes dafür zu lassen. Entwickeln Sie mehr Durchhaltevermögen, auch wenn Ihnen der Spaß beim Tun zu vergehen droht. Sie wissen doch, wie man sich selbst motiviert und belohnt, wenn man Teilziele erreicht hat.

- Weniger ist oft mehr, üben Sie sich im Verzichten und konzentrieren Sie sich auf das, was sich als das Wesentliche in Ihrem Leben herausstellt.

EINE KLEINE ÜBUNG FÜR DIE NÄCHSTEN VIER WOCHEN:
Nehmen Sie sich jeden Tag ein paar Minuten Zeit, schließen Sie die Augen und lassen Sie den Tag im Geiste ganz langsam Revue passieren. Wo sind Sie heute vielleicht vor etwas Unangenehmem ausgewichen oder geflohen? Versuchen Sie sich vorzustellen, Sie hätten sich darauf eingelassen? Was wäre passiert? Wie wäre die Situation ausgegangen? Hätte das Einlassen auch ein positives Ergebnis bringen können?

3.9.4 Tipps für einen guten Umgang mit Optimisten

- Achten Sie darauf, dass sich Optimisten wohl genug fühlen, um Schwierigkeiten anzusprechen und um Hilfe zu bitten. Der Tendenz, Konflikten lieber aus dem Weg zu gehen, sollte frühzeitig begegnet werden. Sprechen Sie Optimisten Mut zu, sich Unangenehmem zu stellen und Dinge rechtzeitig zur Sprache zu bringen, die sie belasten.
- Freiheit ist das oberste Gut für Optimisten. Gewähren Sie als Vorgesetzter so viele Freiräume wie möglich. Wenn doch Einschränkungen und Kontrolle nötig sind, erläutern Sie genau die Gründe.
- Dass ein Optimist beginnt, sich ernsthaft auf eine Sache einzulassen, merken Sie daran, dass er für das kämpft, woran er glaubt. Optimisten sind zukunftsorientierte Idealisten. Sie bleiben beharrlich bei der Sache, nehmen sich Auszeiten zur Regeneration und müssen nicht mehr bei jeder Party dabei sein.
- Nutzen Sie das Talent von Optimisten als Ideengeber und Innovatoren sowie ihre Fähigkeit, Dinge und Personen miteinander zu vernetzen. Optimisten können gut als Kommunikatoren und Informationsdrehscheibe fungieren.
- Kritisieren Sie nicht zu hart und zu direkt. Wickeln Sie die Kritik in buntes Bonbonpapier. Die Freude beim Auspacken ist für Optimisten eine Entschädigung für den bitteren Inhalt.
- Optimisten fühlen sich dem Win-Win-Prinzip verpflichtet. Kommen Sie ihnen entgegen und verzichten Sie auf Interventionen, die jemanden zum Verlierer stempeln.

- Der klassische Konflikt mit Optimisten am Arbeitsplatz sieht so aus: vielversprechende Pläne, die mangelhaft ausgeführt werden oder gar nicht zum Abschluss kommen. Das bringt fast alle anderen Persönlichkeitsprofile auf die Palme.
- Wirken Sie darauf hin, dass Optimisten mehr Disziplin und Durchhaltevermögen entwickeln, ohne dass ihnen Spaß und Schwung verloren gehen. Geizen Sie nicht mit Lob, wenn es vorangeht und belohnen Sie die Erfolge mit etwas Schönem.

3.9.5 Erfahrungsberichte aus der Praxis

CATHERIN, 43 JAHRE, TRAINERIN UND BERATERIN

Ein wertvolles Geschenk ist die Entdeckung von Verbindlichkeit. Verbindlich zu sein, ist mir sehr wichtig geworden. Beruflich heißt das: Was ich zusage, halte ich unter allen Umständen ein. Da ich immer noch die Neigung habe, auf viele Züge aufzuspringen, bedeutet das in der Konsequenz sehr viel Arbeit, um alle Zusagen einhalten zu können. Konkret habe ich zwei Jahre lang fast jede Nacht im Büro gesessen, um Dinge abzuarbeiten. Trotzdem bleibt Pünktlichkeit ein Problem für mich.

Darüber hinaus lerne ich, nicht alle Optionen auszuschöpfen, auch mal „Nein" zu sagen bei Angeboten. Neulich bot mir ein Kollege an, an einer Weiterbildungsgruppe teilzunehmen, die sich mit Systemaufstellungen beschäftigt. Das Thema interessiert mich sehr und ich hatte quasi schon zugesagt, dann aber gemerkt, dass ich mir zu viele Termine auflade. Früher wäre ich wahrscheinlich zu 50 Prozent der Termine (mit einem schlechten Gewissen) hingegangen. Jetzt habe ich abgesagt und mache die Erfahrung, dass man mir diese Form von „negativer" Verbindlichkeit nicht übel nimmt. Wenn mich jemand als verbindlich bezeichnet, ist das ein großartiges Lob für mich.

THOMAS, 45 JAHRE, TRAINER, COACH UND PROZESSBERATER

Wichtige Einsichten waren für mich mein mangelndes Durchhaltevermögen, meine Sprunghaftigkeit und wie spaßgetrieben ich oft bin. Auch mehr Konsequenz in der Planung ist wichtig.

Ende letzten Jahres hatte ich sehr viele Trainings hintereinander. Zur Belohnung hatte ich mir danach zwei Wochen für Urlaub reserviert und völlig verdrängt, dass ich im Frühjahr einer alten Kundin in diesem Zeitraum ein Training zugesagt hatte. Ich weiß noch, dass ich damals dachte: *„Das findet eh nicht statt".* Es kam aber doch zustande und das hat im Vorfeld meinen Energiehaushalt völlig durcheinander gebracht. Mir ging es richtig schlecht. Alle meinen schönen Freizeitpläne waren zunichte gemacht worden. Das Training war dann sehr gut. Im Tun vergesse ich meinen Frust völlig, aber hinterher habe ich gemerkt, dass ich in Zukunft viel konsequenter sein muss im Sinne einer guten Work-Life-Balance.

Die Kenntnis meines Profils hat mir auch geholfen, Spannungen besser auszuhalten und nicht zu schnell auf Lösungen zu dringen. Besonders bei Konfliktmanagement-Seminaren ist das natürlich ganz wichtig.

4 WAHRNEHMUNGS-UND BEURTEILUNGSFEHLER

Im folgenden Kapitel gehen wir zunächst auf einige allgemeine Wahrnehmungs- und Beurteilungsfehler ein, denen alle Menschen mehr oder weniger unterliegen.

Dazu gehören:
- Attributionsfehler
- Sympathieeffekte
- Überstrahlungseffekte
- Hierarchieeffekte
- Projektionen
- Übertragungen

Anschließend präsentieren wir dann typische Wahrnehmungs- und Beurteilungsfehler der neun Persönlichkeitsprofile.

Wir müssen aus den Fehlern der anderen lernen, denn wir leben nicht lange genug, um alle Fehler selbst zu machen.
Sam Levenson

Alle Fehler, die man hat, sind verzeihlicher als die Mittel, welche man anwendet, um sie zu verbergen.
François la Rochefoucauld

Wenn man einen Menschen richtig beurteilen will, so frage man sich immer: „Möchtest du den zum Vorgesetzten haben?"
Kurt Tucholsky

Menschen, an denen nichts auszusetzen ist, haben nur einen, allerdings entscheidenden Fehler: Sie sind uninteressant.
Zsa Zsa Gabor

In jeder Töpferei liegen auch Scherben.
aus Ägypten

Es irrt der Mensch solang' er strebt.
Johann Wolfgang von Goethe

157

4.1 Allgemeine Wahrnehmungs- und Beurteilungsfehler

Einfühlungsvermögen und die Fähigkeit zur Perspektivübernahme sind gefragt

Eine professionelle Menschenkenntnis verlangt Einfühlungsvermögen und die Fähigkeit zur Perspektivübernahme, d.h. die Welt mit den Augen der anderen sehen zu können. Zu diesem Zweck haben wir in den vorhergehenden Kapiteln gleichsam eine Expedition durch neun typische Lebenswelten unternommen.

DAS WISSEN UM DIESE PERSÖNLICHKEITSPROFILE KANN IH-NEN ENTSCHEIDEND DABEI HELFEN, ANDERE FORTAN BESSER ZU VERSTEHEN.

Sie können damit treffsicherer einschätzen, was andere motiviert und was zu einer optimalen Zusammenarbeit beiträgt.

Fehleinschätzungen sind an der Tagesordnung

Doch leider ist im Alltag unser Blick auf die anderen nicht so ungetrübt, wie wir es hier dargestellt haben. Fehleinschätzungen sind an der Tagesordnung. Die Psychologie spricht von Wahrnehmungs- und Beurteilungsfehlern, denen wir alle unbewusst unterliegen. Deswegen ist es sinnvoll, sich dieser Mechanismen bewusst zu werden, um ihnen nicht länger blind ausgeliefert zu sein.

Wir stellen Ihnen zunächst die Wahrnehmungs- und Beurteilungsfehler vor, von denen mehr oder weniger alle Menschen betroffen sind. Danach behandeln wir die mustertypischen Fehleinschätzungen, wie sie für die jeweiligen Persönlichkeitsprofile gelten.

Wenn Sie also schon Ihr eigenes Persönlichkeitsprofil gefunden haben, dann wird es für Sie von besonderem Interesse sein, sich mit diesen speziellen Beurteilungsfehlern auseinander zu setzen. Wir nennen zu jeder einzelnen Wahrnehmungsverzerrung auch die passenden Gegenstrategien, mit denen Sie Fehleinschätzungen leichter korrigieren können.

4.1.1 Attributionsfehler – Schuld haben immer die anderen

Wir schreiben Verhalten Ursachen zu

Wenn wir fremdes Verhalten beobachten oder uns über unser eigenes Verhalten Gedanken machen, dann suchen wir nach Ursachen, um zu Erklärungen zu gelangen. Dabei werden dem beobachteten Verhalten bestimmte Ursachen zugeschrieben (attribuiert).

Grob gesprochen unterscheiden wir dabei, ob das Verhalten persönlichkeits- oder situationsbedingt ist. Reagieren andere Menschen in vergleichbaren Situationen ähnlich und verhält sich eine Person X in anderen Situationen ganz anders, dann schreiben wir ihr Verhalten der speziellen Situation zu.

Persönlichkeits- oder situationsbedingtes Verhalten

Reagieren andere in vergleichbaren Situationen jedoch anders und verhält sich X auch in ganz unterschiedlichen Lagen ebenso, dann spricht alles für eine maßgebliche Persönlichkeitseigenschaft von X. So weit, so gut.

Dieses einfache Schema wird jedoch nicht „gerecht" angewendet, sondern zu eigenem Gunsten verzerrt. Je nachdem, ob damit eigenes oder fremdes Verhalten beurteilt wird, kommt es zu Verzerrungen. Wenn uns bei anderen ein Verhalten stört, neigen wir automatisch zu einer Personattribution. Machen wir hingegen selber Fehler, dann finden wir den Grund schnell in der Situation. Ein Beispiel: Verspätet sich ein fremder Mensch und lässt uns deswegen warten, neigen wir meist dazu, ihn für einen unzuverlässigen und unpünktlichen Menschen zu halten. Eigenes Zuspätkommen führen wir tendenziell auf situationsbedingte Gründe zurück, z.B. den verspäteten Zug oder den Stau auf der Autobahn.

Verzerrungen bei der Beurteilung eigenen oder fremden Verhaltens

Überprüfen Sie sich einmal selbst: Stellen Sie sich vor, wie auf dem Gehweg der anderen Straßenseite jemand stolpert und hinfällt. Was vermuten Sie als Ursache? *„Der ist aber ungeschickt"* oder *„bestimmt sind die Gehwegplatten lose".*

Dass wir unser eigenes Fehlverhalten meist der Situation zuschreiben, hat natürlich den Vorteil, dass wir dadurch unser Selbstwertgefühl nicht beschädigen. Auch zufällige Ereignisse werden recht oft danach beurteilt, wie es am besten zu unserem Selbstbild passt. So neigen Glücksspieler dazu, ihre wiederholten Verluste als Pechsträhne auszugeben, während sie die Siege bevorzugt ihrer überlegenen Taktik zuschreiben. Ist das Selbstvertrauen in die eigenen Fähigkeiten hingegen geringer ausgeprägt, wie z.B. beim Persönlichkeitsprofil des loyalen Skeptikers, dann werden eigene Erfolge dementsprechend eher situationsbedingt erklärt.

Neigung, eigenes Fehlverhalten der Situation zuzuschreiben

Achten Sie einmal darauf, wie schnell Sie Erfolge bzw. Misserfolge anderer Menschen persönlich zuschreiben oder inwieweit Sie die Umstände als Erklärung heranziehen. Dasselbe gilt auch für Sie selbst. Erkennen Sie dabei Vorlieben in der Zuschreibung?

4.1.2 Sympathieeffekt – Gleich und gleich gesellt sich gern

Menschen, die uns in positiven Eigenschaften ähnlich sind, genießen unsere Sympathie

Menschen, die uns in positiven Eigenschaften ähnlich sind, genießen unsere besondere Sympathie. Das Vertraute an ihnen schafft spontan ein Gefühl von Nähe und Verbundenheit.

Der Soziologe Michael Hartmann hat die Karrieren aller promovierten deutschen Ingenieure, Wirtschaftswissenschaftler und Juristen der Promotionsjahrgänge 1955, 1965, 1975 und 1985 untersucht, zusammen etwa 6500 Absolventen. Seine Studie ergab u. a., dass sich von den Vorstandsvorsitzenden der 100 größten deutschen Konzerne über 80 Prozent aus den oberen 3,5 Prozent der Bevölkerung rekrutierten. Arbeiterkinder schafften es gerade mal mit 0,5 Prozent in die erste Führungsebene. Hartmann schließt daraus, dass von Chancengleichheit unter den Absolventen keine Rede sein kann. Die Bildungsexpansion hat offenbar nur den Zugang zu den Universitäten erleichtert, nicht aber zu den Spitzenpositionen in der Wirtschaft.

Die gleiche Wellenlänge ist offenbar wichtiger als die Leistung

Das Selbstverständnis der Topmanager, dass sie den Platz in der Chefetage nur ihrer eigenen Leistung zu verdanken haben, entpuppt sich bei näherem Hinsehen als Mythos. Als viel entscheidender stellte sich heraus, dass Verantwortliche und Bewerber über „die gleiche Wellenlänge" verfügen, dass „die Chemie" offenbar stimmt. Soziologen nennen diesen Bewerbervorteil „habituelle Ähnlichkeit" mit den Personen, die schon in den Führungspositionen sitzen. Die Personalverantwortlichen spüren beim Auftritt des Bewerbers den entscheidenden Unterschied zwischen denen, die zu den eigenen Kreisen wie selbstverständlich dazugehören (weil sie einen bestimmten Habitus von Kindesbeinen an verinnerlicht haben) und jenen, die bloß dazugehören wollen. Die, die ihnen in ihrer Art ähnlich und vertraut sind, signalisieren ihnen im Hinblick auf ihre unter starkem Entscheidungsdruck stehende Tätigkeit am ehesten das Gefühl von Sicherheit und Beherrschbarkeit der Situation. Damit ist das Gefühl gemeint, sich notfalls auch blind zu verstehen.

Menschen werden aufgrund des Sympathieeffekts bevorzugt

Auch dort, wo es nicht so sehr um Machtfragen in bestehenden Hierarchien geht, bevorzugen wir Menschen aufgrund des Sympathieeffekts. Achten Sie deswegen darauf, wie Ihr Urteil über andere Menschen durch diesen Effekt unkontrolliert beeinflusst wird und inwieweit es deswegen zu Fehleinschätzungen und ungerechten Behandlungen kommt.

4.1.3 Überstrahlungseffekt – Wenn ein Argument alle anderen aussticht

Eigenschaften eines anderen Menschen, die uns besonders auffallen, beeinflussen uns ganz erheblich in unserem Gesamturteil über diese Person. Das herausragende Merkmal wirft dabei seinen Schatten über alle anderen Merkmale. Dieses Phänomen bezeichnet man auch als Halo-Effekt (grch. halo = Hof). So wie der Mond einen Hof hat, überstrahlt also das eine Merkmal alle anderen. Zugunsten des hervorstechenden Eindrucks wird der Informationsgehalt der anderen schlicht vernachlässigt.

Ein herausragendes Merkmal wirft seinen Schatten über alle anderen Merkmale

Der Sozialpsychologe Solomon Asch hat dies in einer mittlerweile klassischen Studie veranschaulicht. In einer oft wiederholten Versuchsanordnung hat er zwei Gruppen von Teilnehmenden gebildet. Der ersten Gruppe wurde eine Liste mit Eigenschaftsbeschreibungen über eine fiktive Person ausgehändigt, die folgende Adjektive enthielt: „intelligent", „geschickt", „fleißig", „warm", „entschlossen", „praktisch", „vorsichtig".

In der zweiten Gruppe wurde die gleiche Liste ausgeteilt, allerdings mit dem Unterschied, dass das Wort „warm" durch den Begriff „kalt" ausgewechselt wurde. Danach sollten sich die Teilnehmenden eine konkrete Vorstellung über die derart beschriebenen Personen machen. Im Ergebnis kamen in den beiden Gruppen sehr unterschiedliche Einschätzungen zustande. Die Auswechslung eines wichtigen Adjektivs hatte offenbar genügt, um die beschriebene Person in einem ganz anderen Licht erscheinen zu lassen.

Da sich der verzerrende Überstrahlungseffekt immer dann einstellt, wenn Sie eine menschliche Eigenschaft als besonders bedeutsam einschätzen, sollten Sie in diesen Situationen sehr vorsichtig mit Ihrem Urteil und aufmerksam gegenüber vernachlässigten Informationen sein.

Je bedeutsamer eine Eigenschaft eingeschätzt wird, desto größer die Überstrahlungsgefahr

4.1.4 Hierarchieeffekt – Wer hat, dem wird gegeben

Mitarbeiter der oberen Hierarchieebenen werden in der Regel besser beurteilt als Mitarbeiter der unteren Ebenen. Auch Titel und akademische Grade haben eine Auswirkung auf die Wahrnehmung von Kollegen und Vorgesetzten. Wer über mehr Macht verfügt, dem wird auch – von Ausnahmen abgesehen – mehr zugetraut.

Wer über mehr Macht verfügt, dem wird auch mehr zugetraut

Dieser Zuschreibung fremder Überlegenheit wohnt eine unberechtigte Generalisierungstendenz inne. So wird von der tatsächlichen Überlegenheit auf einem bestimmten Fachgebiet häufig auf die Exzellenz in ganz anderen Persönlichkeitsbereichen geschlossen. Menschen, die als unangefochtene Profis auf ihrem Gebiet in Erscheinung treten, wird meist generell eine sehr gute Auffassungsgabe zugeschrieben. Ein Spezialist muss aber noch lange kein guter Generalist sein. Er erweist sich auf anderen Gebieten oft als „schwer von Begriff".

Die hierarchische Position beeinflusst auch die Eigenwahrnehmung

Der Hierarchieeffekt in der Wahrnehmung kann auch eine fatale Auswirkung auf die davon Begünstigten haben. Denn je höher jemand in der Hierarchie steht, umso weniger bekommt er von seinen Mitarbeitern ein ehrliches Feed-back. Mächtige haben oft das Gefühl, dass sie hauptsächlich von Schmeichlern umgeben sind, die ihnen nur selten widersprechen. Das nährt dann Illusionen über die eigene Unfehlbarkeit und den Glauben, dass man die völlige Kontrolle über das eigene Tun habe.

Studien weisen nach, dass sich Menschen in Machtpositionen in der Tat für wertvoller halten als ihre Untergebenen. Das wird auch unterstützt durch ihre Gewohnheit, Erfolge sich selber zuzuschreiben und Misserfolge auf das Konto ihrer Mitarbeiter zu verbuchen. Der eigene Selbstwert wird so permanent gesteigert.

Die umgekehrte Dynamik finden wir bei Menschen in unteren Positionen. Trotz aller Aufklärung über die Ursachen der Arbeitslosigkeit werden Arbeitslose oft so eingeschätzt, dass sie eben doch selbst schuld sind an ihrem Schicksal. Der Makel der Wertlosigkeit haftet unweigerlich an ihnen. Diese gesellschaftliche Zuweisung wird von den Betroffenen Zug um Zug verinnerlicht, bis sie sich am Ende selber als Versager betrachten. Zu Beginn der Arbeitslosigkeit führen sie ihre Lage noch auf Umstände zurück, die sie selbst nicht zu verantworten haben. Mit der Dauer der Arbeitslosigkeit und den vielen erfolglosen Stellenbewerbungen wird ihr Selbstbild jedoch immer negativer.

Sich nicht vom Status eines Menschen beeindrucken lassen

Wenn Sie nicht dem Wahrnehmungsfehler des Hierarchieeffekts erliegen wollen, achten Sie darauf, wie sehr Sie der Status eines Menschen beeindruckt. Niemand ist frei davon. Aber inwieweit trübt es Ihre Menschenkenntnis und damit Ihre Urteilskraft?

4.1.5 Projektion – Lieber den Splitter in des Bruders Auge als den Balken im eigenen sehen

Täuschen kann man sich über andere auch, wenn man etwas auf diese projiziert, was einen letztlich mehr an einem selbst aufregt. Den Mechanismus der Projektion kann man sich sehr leicht klarmachen, indem man an die Funktionsweise eines Diaprojektors denkt. Da wird beim Projektor ein Dia eingeschoben, das auf die gegenüberliegende Leinwand projiziert wird. Wir erkennen das Bild also nicht an seinem Ursprungsort, sondern gegenüber. Und so geschieht es auch bei der psychischen Projektion.

Bestimmte seelische Vorgänge, die sich unbewusst in uns abspielen, projizieren wir nach außen und erkennen sie an anderen. Oft sind es Gefühle, die wir uns selbst nicht eingestehen wollen. Sie passen vielleicht nicht zu unserem Selbstbild. Wir haben sie in unserem Inneren so gut unterdrückt, dass wir von ihrer Existenz gar nichts mehr wissen. Und nun begegnet uns ein Mensch, der diese Verhaltensweise, die wir bei uns so erfolgreich verdrängt haben, ungeniert vorlebt. Dieses außen Wahrgenommene lässt uns wieder unser innerlich Unterdrücktes spüren. Wenn uns dieser Zusammenhang nicht bewusst wird, wenn wir also unseren Projektionen aufsitzen, dann wollen wir die als unangenehm empfundene Verhaltensweise des anderen Menschen ebenso aus der Welt schaffen. Denken Sie als Beispiel an den ruppigen Chef, der seine Mitarbeiter als „Weicheier" qualifiziert, wenn sie nicht so viele Überstunden leisten wollen, wie er sich das gedacht hat. Welche Rolle spielt hier wohl der Vorgang der Projektion?

Projektionen können Sie sich bewusst machen, indem Sie sich fragen, inwieweit andere für Ihre eigene Unausgeglichenheit herhalten müssen.

Wir projizieren bestimmte unbewusste Seelenvorgänge nach außen auf andere

4.1.6 Übertragung – Du erinnerst mich da ganz stark an ...

Die Übertragung weist manche Ähnlichkeit mit dem Vorgang der Projektion auf. Sie unterscheidet sich aber darin, dass ich nicht *meine* unerkannten Gefühle auf jemand anders projiziere, sondern ihm unberechtigterweise Eigenschaften anhänge, die sich auf eine *andere* Person beziehen. Dieser Mensch erinnert mich also an jemand ganz anderen – entweder wegen der gleichen Hautfarbe, der Stimme oder der Art unseres Verhältnisses. Soweit in Bezug auf diese dritte Person, die im Mo-

Jemandem unberechtigterweise Eigenschaften anhängen, die sich auf eine andere Person beziehen

ment gar nicht vorhanden ist, etwas Unbewältigtes (z.B. Wut, Verdächtigungen, Bewunderung etc.) existiert, wird diese Gefühlslage auf die im Grunde genommen unbeteiligte Person übertragen.

Nehmen wir an, Sie hätten in jungen Jahren häufiger die Erfahrung gemacht, dass die Erwachsenen ungerecht mit Ihnen umgegangen sind. Als Kind konnten Sie sich nicht wehren. Was von damals aber zurückgeblieben ist, ist eine unbestimmte Wut auf diejenigen, die Ihnen kraft ihrer Position etwas zu sagen haben. Das waren früher die Eltern. Das wären dann die richtigen Adressaten Ihrer Wut und Ihres Misstrauens gewesen. Wenn Sie diese Gefühle nicht durch Aussprache oder spätere Einsicht bereinigen konnten, dann werden Sie diese wohl auf die meisten anderen Menschen übertragen, die Ihnen heute kraft ihrer Position etwas zu sagen haben (Vorgesetzte, Lehrer, Polizisten etc.). Die kriegen dann etwas von Ihnen ab, mit dem sie gar nichts zu tun haben.

Sind Ihre momentan extremen Gefühle gegenüber einer Person ein angemessener Ausdruck für die aktuelle Lage?

Übertragungen können Sie am besten durchschauen, wenn Sie sich fragen, ob Ihre momentan extremen Gefühle gegenüber einer Person ein angemessener Ausdruck für die jetzige Lage sind. Vielleicht kommt Ihnen ja ein Verdacht, dass hier etwas überzogen ist und die Gefühle eigentlich wo ganz anders hingehören.

Diese Fehleinschätzungen zu durchschauen, kann auch eine große Hilfe sein, wenn Sie selbst Opfer solcher Mechanismen werden. Sie müssen einen Anwurf nicht mehr so persönlich nehmen, wenn Sie merken, dass der andere gerade „in einem Film" ist, mit dem Sie kaum etwas zu tun haben, allenfalls der Auslöser dafür sind, dass er zum x-ten Mal anläuft.

Kommen wir nun zu den für die einzelnen Persönlichkeitsprofile typischen Wahrnehmungs- und Beurteilungsfehlern.

4.2 Typische Wahrnehmungs- und Beurteilungsfehler der einzelnen Persönlichkeitstypen

4.2.1 Typische Wahrnehmungs- und Beurteilungsfehler bei Kämpfern

Kämpfer gehen davon aus, dass andere ebenfalls auf ein Kräftemessen aus sind. Sie überschreiten Grenzen, ohne dies zu merken. Ihre provozierende Art führt dazu, dass sie von anderen Gegenreaktionen bekommen, die sie dann für die wirkliche Meinung des Gegenübers halten – oft eine Fehleinschätzung.

Ihr Blick für die Stärken und Schwächen anderer ist einseitig ausgeprägt. Für die Zwischentöne und die feinen Abstufungen haben sie nur wenig Gespür. Sie folgen zumeist ihrem ersten Eindruck, noch bevor ein zweiter die Chance hat, in das Bewusstsein vorzudringen. Und der erste Eindruck gebietet ihnen: Freund oder Feind, schwarz oder weiß. Es braucht einiges, damit Kämpfer ihren ersten Eindruck korrigieren, obwohl sie prinzipiell dazu bereit sind. Diese Art führt dazu, dass es Menschen gibt, die bei Kämpfern „einen Stein im Brett" haben und sich viel herausnehmen können, während andere keine wirkliche Chance erhalten. Obwohl Kämpfern Gerechtigkeit wichtig ist, ist diese Haltung nicht gerade fair.

Kämpfer schreiben ihren ersten Eindruck zu schnell fest und differenzieren wenig

Ihr großer Irrtum ist, dass man sich Respekt und Autorität erkämpfen muss. Die Konsequenz ist eine „aufgeblähte" Haltung. Kämpfer glauben, dass, wer still und abwartend ist, nicht gut für sich sorgt – eine weitere Fehleinschätzung.

Auch bei der Zuweisung von Schuld sind Kämpfer schnell bei der Hand. Schuld sind grundsätzlich erst mal die anderen und nicht sie selbst. Eigene Schuld wahrzunehmen geschieht – wenn überhaupt – ganz still in ihrem Innern. Schwächen zu offenbaren schaffen sie oft nur in einem völlig sicheren Umfeld und das ist selten gegeben. Kämpfer haben Angst davor, dass ihre Schwächen ausgenutzt werden.

Die Schuld wird meist den anderen zugeschrieben

Freunden oder Schutzbedürftigen gestehen Kämpfer eher Fehler zu als Feinden oder Gleichrangigen. Die größte Entwicklungsaufgabe für Kämpfer ist, gerade Feinden und Gleichrangigen (auch Vorgesetzten) gegenüber sanfter in ihrem Urteil zu werden. Selbstbewusst die eigenen Schwächen einzuräumen, ohne gleich eine Lösung zu präsentieren, sich hingeben oder die Waffen zu strecken, sind wichtige Erfahrungen für Kämpfer mit nachhaltiger Wirkung.

4.2.2 Typische Wahrnehmungs- und Beurteilungsfehler bei Vermittlern

Der gravierendste Wahrnehmungsfehler von Vermittlern liegt darin, dass sie primär darauf ausgerichtet sind, was die anderen meinen oder wollen. Ihre Aufmerksamkeit ist wenig zielorientiert und auf zu viele Dinge gleichzeitig gerichtet. Sie

Der Fokus ist auf das ausgerichtet, was die anderen meinen oder wollen

Neigung, die Verantwortung selbst zu schultern

fühlen sich oft so, als wären sie mittendrin im Geschehen, auch wenn sie noch außen vor sind. Misslingt etwas, neigen sie dazu, die Verantwortung auf ihre Schultern zu nehmen, wenn es niemand anderes tut. Ihnen ist es wichtig, zwischen widerstreitenden Interessen Brücken zu bauen und Frieden zu stiften. Was Vermittler für ihre eigene Meinung halten, ist oft das gewogene Mittel der Meinungen von anderen.

Fehlen einer eigenen Meinung

Vermittler wollen den Erwartungen, die an sie gestellt werden, entsprechen und verzichten unbewusst darauf, sich selbst eine (vielleicht zu Unbequemlichkeiten führende) eigene Meinung zu bilden. Aber genau das wäre die Entwicklungsaufgabe: Fragen Sie sich immer zuerst, was Sie über diese Sache denken, welches Ihr Ziel dabei ist, ganz egal, was die anderen denken oder wollen. Vermittler trauen sich oft gar nicht, das zu versuchen. *„Das kann man doch nicht machen, das wäre doch egoistisch"*, aber genau dort läge die Lösung für viele Dilemmas des Alltags.

Vermittler glauben in ihrem Wesenskern an eine positive Absicht beim Gegenüber, an das Gute in ihm. Auch Schlechtem oder Unredlichem gegenüber äußern sie oft noch Verständnis. In manchen Streit schütten sie in guter Absicht eine Kappe Weichspüler. Manchmal führt das zu weit, denn es gibt Fälle, in denen es nur ein „entweder – oder" gibt, Lösungen, bei denen es Gewinner und Verlierer gibt. Vor solchen Szenarien schrecken Vermittler jedoch intuitiv zurück.

Aus dem Bestreben, allen Seiten genügen zu wollen, folgt vielfach Handlungsunfähigkeit

Vermittler tun sich schwer damit wahrzunehmen, wann der richtige Zeitpunkt gekommen ist, um zu handeln oder etwas zu verändern. Sie warten zu lange ab oder lenken sich ab. Sie haben auch Schwierigkeiten, die Dinge in die richtige Reihenfolge zu bringen. Die wirklich „heißen" Punkte kommen in ihren Prioritätenlisten meistens nicht an erster Stelle, sondern eher in der Mitte oder am Ende. Es ist weniger riskant, erst einmal mit etwas zu beginnen, was weniger weh tut oder wo man weniger verlieren kann. Diese Haltung ist dringend zu korrigieren.

4.2.3 Typische Wahrnehmungs- und Beurteilungsfehler bei Perfektionisten

Überbetonung von Mängeln und Fehlern

Der größte Wahrnehmungs- und Beurteilungsfehler bei Perfektionisten besteht darin, dass Mängel und Fehler überbetont werden. Sie legen an alles eine Hundertprozent-Messlatte, auch wenn es einen offenen oder stillen Konsens gibt, dass 80 Prozent ausreichend sind. Dieses Vorgehen erzeugt latent Zorn, Ärger und Groll.

Die Kehrseite ist, dass die Wahrnehmung zu wenig bei dem Gelingenden verankert ist. Das wird für selbstverständlich genommen. Perfektionisten sind pflichtbewusst und unterstellen anderen, über ein ebenso ausgeprägtes Pflichtgefühl zu verfügen. Das ist ein großer Irrtum. Gleichzeitig liegt hier eine vordringliche Lernaufgabe – zuerst die Aufmerksamkeit auf das Gelingende zu legen und die Fehleranalyse erst zu beginnen, wenn die Positivanalyse durch das Programm gelaufen ist.

Bei Perfektionisten spielt der Überstrahlungseffekt eine zentrale Rolle. Ein einziger negativer Punkt kann eine Vielzahl positiver Punkte vollkommen überlagern. Dieser eine Mangel stellt das gesamte Ergebnis infrage.

In der Wahrnehmung überstrahlt das Misslungene das Gelingende

Perfektionisten stellen ihre eigene Urteilsfähigkeit über die der anderen. Das geschieht nicht ganz zu Unrecht, doch schießen sie im Affekt oft über das Ziel hinaus. Das macht sie dann zu rechthaberischen und inflexiblen Zeitgenossen. Sie müssen lernen, dass unorthodoxe oder chaotisch anmutende Wege auch zum Ziel führen können. Sie müssen sich diesen Weg ja nicht zu Eigen machen – oder nur ab und zu.

Perfektionisten merken erst später als andere, dass sie wütend werden. Die Sensoren am inneren „Wutbarometer" springen erst in den oberen Bereichen an. Andere merken aber schon längst, dass ein Perfektionist grollt. Sie selbst haben das Gefühl, noch alles „unter Kontrolle" zu haben. Die Fähigkeit, nachsichtig und wohlwollend mit den Fehlern anderer umzugehen – also fehlertoleranter zu werden – ist ein wichtiger Gradmesser für ihren Entwicklungsstand.

Fehlertoleranz in Bezug auf andere ausbilden

Gelassenheit zu entwickeln heißt auch, sich selbst nicht so wichtig zu nehmen – und wenn doch, dann mit dieser Eigenschaft humorvoll umgehen zu können. Wenn Perfektionisten lernen, über sich selbst zu lachen, ist allen geholfen.

4.2.4 Typische Wahrnehmungs- und Beurteilungsfehler bei Helfern

Die einseitige Fokussierung von Helfern auf die Bedürfnisse von anderen führt zu einer Wahrnehmungsverzerrung. Eigene Bedürfnisse werden ausgeblendet. Und manchmal sehen Hel-

Einseitige Fokussierung auf die Bedürfnisse von anderen

WAHRNEHMUNGS-UND BEURTEILUNGSFEHLER

fer bei anderen auch Nöte, die gar nicht gegeben sind, oder sie werden zumindest übersteigert. Helfer übersehen das Selbsthilfepotenzial, das in anderen steckt und tun deshalb tendenziell zu viel. Hier liegt eine große Lernaufgabe für sie: sich zurückzuhalten und sich das Motto „Leiste Hilfe zur Selbsthilfe" zu Eigen zu machen.

Nicht alles übernehmen wollen, sondern „Hilfe zur Selbsthilfe leisten"

Helfer sind durchaus wählerisch, wem sie ihre Unterstützung gewähren. Sie achten (oft unbewusst) darauf, wer ihrer Hilfe wert ist. Das sind zum einen die, zu denen man aufschaut, die man bewundert, bei denen man eine wichtige Stellung einnehmen möchte, aber auch jene, die man einfach nur sympathisch findet. Wer durch dieses Präferenzraster fällt, der kann die Erfahrung machen, von einem Helfer links liegen gelassen zu werden, auch wenn objektiv eine Not besteht.

Helfer überschätzen sich und die eigene Rolle oft

Wenn man überzeugt ist, dass es die anderen sind, die Hilfe brauchen und nicht man selbst, dann zeugt das von einem künstlich aufgeblasenen Ego. Da schaut jemand von oben herab. Helfer nehmen sich und die Aufgaben, die sie übernehmen, oft zu wichtig. Sie überschätzen ihre eigene Unentbehrlichkeit kolossal. Sie gefallen sich so sehr in der Rolle des Gebenden, dass sie kaum wahrnehmen, wie oft sie das Annehmen verweigern. Das führt in ihren Beziehungen zu Schieflagen, denn die anderen fühlen sich schuldig, wenn sie so viel bekommen, aber kaum eine Chance erhalten, etwas zurückzugeben. Sich im Annehmen und Bitten zu üben, ist daher eine der wichtigsten Aufgaben für Helfer.

Helfer wollen dazugehören. Deshalb spielen Sympathieeffekte eine große Rolle. Anders als Erfolgsmenschen, die selbst Mitglied im erlesenen Club werden wollen, sind Helfer zufrieden, wenn sie Assistenten des Clubchefs werden können.

Eigene Bedürfnisse wahrnehmen und selbst etwas für deren Befriedigung zu tun, das ist für Helfer so etwas, wie eine „terra incognita" zu betreten. Sie sind zunächst unsicher und bewegen sich nur in kleinen Schritten.

4.2.5 Typische Wahrnehmungs- und Beurteilungsfehler bei Erfolgsmenschen

Die anderen erscheinen oft faul und bequem

Der größte Irrtum, der Erfolgsmenschen unterläuft, ist die Annahme, dass andere ebenso schnell, effektiv und effizient arbeiten könnten wie sie selbst. Aus ihrer Sicht erscheinen die anderen oft faul und bequem. Erfolgsmenschen können ihre

Ungeduld kaum zügeln. *„Seht her, so geht das! Ihr müsst Euch nur ein bisschen anstrengen"*, ist ihre Botschaft.

Erfolgsmenschen verfügen über einen Kippschalter, mit dem sie alle Energie auf den „Job" lenken können, den sie gerade erledigen. Dabei sind sie mit Tunnelblick auf das Ziel bzw. den winkenden Erfolg ausgerichtet. Alles was dabei störend wirken könnte (eigene Gefühle, Bedenken, Skrupel), ist währenddessen ausgeschaltet oder zumindest auf ein Minimalniveau abgesenkt.

Tunnelblick in Richtung Erfolg

Dieser Mechanismus macht verständlich, warum Erfolgsmenschen manchmal wie Arbeitsmaschinen wirken und wo ihre Tendenz zum „Workaholic" seine Wurzeln hat. Wer aber den Kippschalter nicht bewusst und situationsgerecht in die richtige Richtung umlegt bzw. umlegen kann, dem droht, dass er etwas Wesentliches im Leben verpasst: Er läuft den „falschen" Dingen hinterher und dient den „falschen" Götzen. Statussymbole bedeuten mehr als innere Werte oder gute Freunde. Kurzfristiger Erfolg ist wichtiger als langfristige Bindungen.

Sympathieeffekte spielen auch bei Erfolgsmenschen eine besonders große Rolle: Sehen und gesehen werden, Mitglied in den richtigen Clubs sein, über die besten Kontakte verfügen. Das sichert das Weiterkommen. Erfolgsmenschen glauben, dass sie alles schaffen können, was sie sich vornehmen und dass man sie einfach mögen muss, wenn sie sich nur genug anstrengen. Für Erfolgsmenschen grenzt es fast an die Höchststrafe, wenn man ihnen die Zugehörigkeit zu einer Gruppe verwehrt.

Prestige spielt eine große Rolle

Eine weitere Verzerrung ihrer Wahrnehmung besteht darin, dass sie es gar nicht merken, wie sie chamäleongleich die Farbe wechseln, um beim Gegenüber „anzudocken". Es scheint ihnen überhaupt nicht peinlich zu sein, sich Sekunden später in einer ganz anderen Rolle zu präsentieren, die zu der vorigen so gar nicht passen mag. Die Selbstbeobachtungsfähigkeit beim Rollenwechsel ist ein großes Lernfeld für Erfolgsmenschen.

Chamäleongleiche Anpassungsfähigkeit an „Zielgruppen"

4.2.6 Typische Wahrnehmungs- und Beurteilungsfehler bei Ästheten

Die zentrale Wahrnehmungsverzerrung bei Ästheten besteht in der Überbetonung des Abwesenden, des Verlorenen oder

Überbetonung des Abwesenden, des Verlorenen oder des Erträumten

des Erträumten – eben dem, was fehlt. Dem Fehlenden werden alle Attribute zugeschrieben, die dem eigenen Leben Sinn und Erfüllung geben könnten. Voller Neid schielen Ästheten auf jene, die dieser Erfüllung vermeintlich näher sind oder die mit kleinen und banalen Dingen zufrieden sind. Manchmal entrüsten sie sich aber auch über die „Kleinbürger" und „Spießer".

Das, was sie haben, erfährt wenig Aufmerksamkeit und Wertschätzung. Das kann Menschen im engeren Umfeld Leid zufügen. Es führt aber auch zu Idealisierungen. Im Job, den man nicht bekommen hat, in der Ausbildung, die man nicht hat machen können, läge die Erfüllung und nicht in dem, was man gerade macht oder hat. Das führt zu einer chronischen Unzufriedenheit und einem mangelnden Selbstwertgefühl, aber auch dazu, dass Gelegenheiten für ein bisschen mehr Zufriedenheit, die vor den Füßen liegen, nicht beachtet oder ausgeschlagen werden.

Chronische Unzufriedenheit und mangelndes Selbstwertgefühl

Ein wesentlicher Beurteilungsfehler von Ästheten liegt darin, dass im Außergewöhnlichen, im Besonderen, eine größere Daseinsberechtigung liegt und diesen Maßstab legen sie an sich und auch an andere an. Ihr eigentlich guter Sinn für das Wesentliche und das Ursprüngliche wird dadurch geschmälert.

Zu mehr Balance im Alltag finden

Für Ästheten ist es besonders wichtig, zu mehr Balance im Alltag zu finden. Das geht nur, wenn man ganz präsent im Hier und Jetzt ist und alle Kraft und Energie auf das lenkt, was gerade ansteht, egal, ob es einem gefällt. Das Träumen und Sehnen muss man ja nicht aufgeben, aber es hilft, wenn man weiß, wo der Ein-/Aus-Schalter ist.

Die Werte von Prinzipien, Disziplin und Pflichten sind entscheidende Schlüsselthemen für die Korrektur der Wahrnehmungsverzerrungen. Ästheten unterliegen einem weiteren großen Irrtum: Das, was sie für ihre Gefühle halten, ist eine Gemengelage von eigenen Gefühlen, gedachten Gefühlen und (insbesondere schmerzhaften) Fremdgefühlen, die sie sich zu Eigen gemacht haben. Diese drei zu trennen ist eine harte, aber wichtige Entwicklungsarbeit für Ästheten.

4.2.7 Typische Wahrnehmungs- und Beurteilungsfehler bei Beobachtern

Bei Beobachtern sind die geistigen Wahrnehmungskräfte zulasten der emotionalen und physischen Wahrnehmung überentwickelt. Zudem haben sie den Eindruck, nur von außen wirklich den Überblick zu gewinnen bzw. ihn behalten zu können. Das ist nur bedingt richtig. Auch mitten im „Getümmel" geht das, es ist nur schwerer und die Wahrnehmungen, die man dort macht, sind unter Umständen andere, aber vielleicht sehr wertvolle. Beides zu können, situationsgerecht „attached" oder „detached" zu sein, hier liegt das große Trainingsfeld für den Alltag: sich nicht nur Gedanken zu machen über eine Sache, sondern sie auch gefühlsmäßig und körperlich zu erfahren.

Geistige Wahrnehmungskräfte zulasten der emotionalen und physischen Wahrnehmung überentwickelt

Beobachter können sich besser als andere abgrenzen. Das kann so weit gehen, dass sie den Eindruck haben, sie seien an einer Sache gar nicht beteiligt. Das stimmt aber oft nicht. Wenn sie sich verweigern, muten sie dem Gegenüber die ganze Verantwortung für das Handeln zu. Tut dieser das und handelt für den Beobachter gleich mit, wird dies als Übergriff empfunden und der Beobachter setzt sich zur Wehr.

Eine wichtige Einsicht für Beobachter ist, dass es eine wirklich objektive oder neutrale Position nicht geben kann. Sie können sich nur besser als andere dieser Position nähern. In vielen Situationen ist es für Beobachter wichtiger, ihre Außenposition aufzugeben und sich „probehalber" mal in das Gegenüber hineinzuversetzen. Was denkt bzw. fühlt dieser Mensch? Wo liegen seine Motive für sein Handeln? Was fehlt ihm?

Einsicht, dass es eine wirklich objektive oder neutrale Position nicht geben kann

Gedanken und Gefühle sind bei Beobachtern oft entkoppelt. So verhindern sie eine Reizüberflutung und den befürchteten Kontrollverlust. Hier wird das Sicherheitsmotiv wieder sehr deutlich. Aber gerade in der Koppelung liegt der Schlüssel für eine Korrektur ihrer Wahrnehmungsverzerrung.

Gedanken und Gefühle sind oft entkoppelt

Andere, die sich sehr von ihren Gefühlen leiten lassen, werden von Beobachtern (zumindest innerlich) oft als primitiv empfunden. Sie schütteln den Kopf ob solcher Kopflosigkeit. Das kann dann auch als Arroganz ankommen.

4.2.8 Typische Wahrnehmungs- und Beurteilungsfehler bei Skeptikern

Der wichtigste Wahrnehmungsfehler von Skeptikern ist, dass sie die Dinge schlimmer wahrnehmen als sie tatsächlich sind. Das Glas ist immer halb leer und nicht halb voll. Allerorten lauern Gefahren und sie sind die Spezialisten im Aufspüren.

Die Dinge problematischer sehen als sie sind

Kräuselt der Gesprächspartner für einen Moment die Stirn, beziehen Skeptiker dies schnell auf sich: *„Er ist bestimmt wütend auf mich! Habe ich was Falsches gesagt?"* Aber statt dies auszusprechen, suchen Skeptiker nach weiteren bestätigenden Indizien für ihre Annahme. Häufig sind die ersten Eindrücke von Skeptikern ja richtig, aber eben nicht immer. Wenn jemand wirklich etwas im Schilde führt, wird er meist von einem Skeptiker entlarvt. Bezieht sich das Stirnrunzeln aber auf etwas ganz anderes, liegt eine Einbildung vor. Wenn Skeptiker nicht aufpassen, können daraus Unterstellungen und böse Gerüchte erwachsen.

In Projektionen werden anderen böse Absichten unterstellt

Auch Projektionen spielen bei Skeptikern eine große Rolle. Anstatt sich mit den eigenen inneren Ängsten auseinander zu setzen, werden dem Gegenüber böse Absichten unterstellt, an denen sich die innere Angst dann konstruktiv abarbeiten kann.

Wenn Skeptiker vor einem Problem stehen, bringen sie viel Energie auf, um es zu lösen. Sie kommen auf geniale Lösungen, die sich in der Praxis aber oft als unpraktikabel oder viel zu kompliziert erweisen. Einfache Lösungen entwickeln sie meist nicht allein. Dazu braucht es einen Impuls von außen.

Eine realistische Lagebeurteilung ist gefragt

Was Skeptikern in vielen Situationen fehlt, ist eine realistische Lagebeurteilung. Hilfreich sind da Gespräche, mit den Betroffenen genauso wie mit neutralen Begleitern. Alle Argumente müssen auf die Waagschale, um ihr wirkliches Gewicht zu bestimmen. Nur so können Skeptiker sich selbst überzeugen, ihre spontane Annahme gegebenenfalls zu korrigieren.

Manche Skeptiker haben eine geradezu konträre Strategie entwickelt, um mit Gefahren und Ängsten umzugehen. Sie bekämpfen sie nicht, indem sie sie übersteigern, sondern sie verniedlichen sie. Sie steuern geradezu furchtlos auf die Gefahren zu und überschätzen dabei oft ihre eigenen Kräfte. Sie geraten in brenzlige Situationen, in denen sie sich dann bewähren müssen.

4.2.9 Typische Wahrnehmungs- und Beurteilungsfehler bei Optimisten

Das Positive wird überbetont, Negatives ausgeblendet

Anders als Skeptikern unterläuft Optimisten gerade der gegenläufige Wahrnehmungsfehler: das Positive wird überbetont und alles, was unangenehm sein könnte, wird bewusst oder unbewusst ausgeblendet. Optimisten gehen davon aus, dass alle anderen sich genauso ungern mit problematischen oder schmerzhaften Dingen befassen wie sie selbst, ein großer Irrtum.

Grundsätzlich fällt die Lagebeurteilung von Optimisten zu rosig aus. Und ist doch etwas nicht in Ordnung, ist es eben „nur halb so schlimm", denn aus jedem Scheitern oder jeder Niederlage gibt es doch auch etwas zu lernen. Sich ernsthaft und mit Tiefgang mit Schmerzhaftem auseinander zu setzen ist eine wichtige Übung für Optimisten, um ihre Wahrnehmungsverzerrung zu korrigieren.

Sich ernsthaft und mit Tiefgang mit Schmerzhaftem auseinander setzen

Optimisten müssen einsehen, dass ihre positive, der Zukunft zugewandte Art nicht nur eine „Hin-zu-Bewegung" ist, sondern dass dahinter häufig eine „Weg-von-Bewegung" Regie führt. *„Vor was weiche ich gerade aus oder laufe davon, wenn ich so erpicht auf die Befriedigung dieses einen Wunsches bin?"* Diese Frage kann hilfreich sein.

Optimisten sind Idealisten. Ihr Idealismus, ihr Glaube an einen höheren Sinn ihres Tuns ist ihre stärkste Waffe bei der Ausblendung von etwas, was ihnen nicht passt. So wollen sie sich immun machen gegen Kritiker oder Spielverderber. Doch diese Rechnung geht nicht immer auf.

Optimisten sind Idealisten

Optimisten haben eine spielerische Art mit dem Leben umzugehen und halten dies auch für die beste Art. Warum soll man es sich schwerer machen als nötig? Diese Haltung bewahren sie sich auch im Geschäftsleben. Es gibt jedoch Situationen, in denen diese Art deplatziert ist. Optimisten haben schon so manches Fettnäpfchen erwischt, vor allem in jüngeren Jahren. Doch sie sind in diesem Bereich lernfähig. Sie lernen, ihren Spieltrieb zu zügeln zugunsten eines professionellen Auftritts.

Optimisten verfügen über eine stark ausgeprägte Fantasie. Mental sind sie sehr aktiv, ihre emotionale Wahrnehmung kann dadurch jedoch getrübt werden. Auch der Blick für die Folgen ihres Tuns (vor allem auf andere) ist häufig verstellt. Dies sind weitere wichtige Übungsfelder.

Den Blick für die Folgen des Handelns öffnen

5 THEMENÜBERSICHTEN

Zu einigen ausgewählten Themenkomplexen finden Sie für alle neun Persönlichkeitsprofile auf den folgenden Seiten Übersichten in Tabellenform:

- **KOMMUNIKATIONSSTILE**
  Die neun Persönlichkeitsprofile verfügen über ganz unterschiedliche Präferenzen im Hinblick auf introvertiertes bzw. extravertiertes Verhalten und Sprache.

- **FÜHRUNGSSTILE**
  Die skizzierten Präferenzen helfen bei der Beseitigung von Führungsschwächen und der Entwicklung eines kongruenten und überzeugenden Führungsverhaltens im Sinne von „authentic leadership".

- **TEAMVERHALTEN**
  Die markanten Unterschiede im Teamverhalten und bei den Präferenzen für verschiedene Rollen sind bedeutsam im Hinblick auf eine Optimierung von Teamentwicklungsprozessen.

- **KONFLIKTVERHALTEN**
  In einer erfolgreichen Zusammenarbeit werden Reibungsverluste minimiert und Konflikte konstruktiv angegangen. Dafür bietet diese Übersicht konkrete Ansätze.

- **ERFOLGSDEFINITIONEN**
  Jedes Persönlichkeitsprofil verfügt über ein ganz anderes Verständnis von Erfolg und Misserfolg. Diese Perspektiven werden in einem erfolgreichen Team nicht gegeneinander ausgespielt, sondern ergänzen sich synergistisch.

ÜBERSICHT I – KOMMUNIKATIONSSTILE

KÄMPFER KOMMANDIEREN	Kämpfer sind überwiegend extravertiert. Sie kommunizieren direkt und fixieren ihr Gegenüber. Kämpfer sind herausfordernd, streitlustig und mögen witzige Wortgefechte. Sie sagen einem, was zu tun und zu lassen ist. Sie verfügen über eine enorme Präsenz. In Ruhephasen sind Kämpfer eher kommunikationsfaul.
VERMITTLER HOLEN WEIT AUS	Vermittler sind überwiegend introvertiert. Sie kommunizieren einfühlsam, freundlich. Ihre Stimme hat etwas Singendes, klingt oft aber auch monoton. Sie kommen oft vom Hundertsten ins Tausendste – auf den Punkt kommen ist für sie schwierig. Der Kommunikationsstil von Vermittlern ist ambivalent („Sowohl als auch" – Haltung).
PERFEKTIONISTEN BELEHREN	Perfektionisten schwanken zwischen Intro- und Extraversion. In Ruhe sind sie eher zurückhaltend. Fühlen sie sich in der Pflicht oder regen sich gar auf, wird ihr Ton belehrend, kritisierend oder moralisierend. Präsentationen sind gut strukturiert und faktenorientiert. Sie haben eine bewertende Grundhaltung (richtig/falsch, gut/böse).
HELFER BERATEN	Auch Helfer schwanken zwischen Intro- und Extraversion. Sie geben „gute" Ratschläge und neigen gegenüber jenen, von denen sie gemocht werden wollen, zu Aufdringlichkeit. Ihr Ton ist einschmeichelnd. Sie schaffen eine „Wir"-Atmosphäre. Kontaktaufnahme wird bei Sympathie oft mit körperlichem Kontakt verbunden.

ERFOLGS-MENSCHEN VERMARKTEN	Erfolgsmenschen sind überwiegend extravertiert. Sie sind Meister in Sachen (Eigen-) Werbung und Marketing. Ihre Sprache ist oft geschäftsmäßig, sobald sie auf einer „Bühne" stehen, sind sie in ihrem Element. Sie passen ihre Präsentation intuitiv ihrem Publikum an. Sie sind schlagfertig, mitreißend und voller Tatendrang.
ÄSTHETEN SPRECHEN BEDEUTUNGS-VOLL	Ästheten können sowohl extrem introvertiert als auch extrem extravertiert sein. Manche pendeln auch zwischen diesen Polen hin und her. Sie mögen einen lyrischen, „niveauvollen" Sprachstil. Sie drücken sich emotional, kultiviert, aber auch dramatisch oder theatralisch aus. Sie kommunizieren gern indirekt in Bildern und Symbolen.
BEOBACHTER DOZIEREN	Beobachter sind am stärksten introvertiert. Ihre Sprache ist nüchtern und erklärend. Sie neigen zum Dozieren. Sie sind sehr zugeknöpft, insbesondere wenn es um sie geht. Sie wahren Distanz und halten sich immer eine Rückzugsmöglichkeit offen. Viele Beobachter haben eine steife Haltung. Sie argumentieren sachlich und präzise.
SKEPTIKER HINTERFRAGEN	Skeptiker sind eher introvertiert, es sei denn, ihre Bedenken werden übergangen oder nicht gehört. Ihr Kommunikationsstil ist ambivalent. Sie pendeln ständig zwischen These und Antithese hin und her. Sie beleuchten immer auch die Gegenseite (*Ja, aber ...*). Ganz eindeutige Aussagen/Positionen fallen Skeptikern schwer.
OPTIMISTEN BEGEISTERN	Optimisten sind überwiegend extravertiert. Ihre Sprache ist bildreich, anspornend und strahlt Optimismus aus. Sie sind meistens gut gelaunt und reißen andere mit. Sie verfügen über einen assoziativen Kommunikationsstil, der von positiven Optionen, Übertreibungen, Planspielen, aber auch Verallgemeinerungen geprägt ist.

ÜBERSICHT II – FÜHRUNGSSTILE

KÄMPFER	Kämpfer dirigieren Mitarbeiter mit absolutem/autoritärem Machtanspruch. Sie gewähren bei Sympathie Freiräume und Unterstützung. Sie sind gern Bosse, Wortführer, Eisbrecher. Mit Lob gehen sie eher sparsam um. Kämpfer kennen nur Volldampf. Darunter leidet langfristig der Erhalt der Ressourcen.
VERMITTLER	Vermittler delegieren und unterstützen Mitarbeiter mit viel Verständnis. Sie neigen aber auch zu Understatement und einem Laisser-faire-Stil. Sie sind geschickte Diplomaten und Strategen mit globalen Zielen. Auch als Führungskraft lassen sie oft anderen den Vortritt und kommen nicht zum Zuge.
PERFEK-TIONISTEN	Sie pflegen einen förmlichen Führungsstil, dirigieren Mitarbeiter planvoll und gradlinig. Delegieren fällt Perfektionisten schwer. Ihr Leitgedanke ist die Qualitätssicherung. Sie reformieren, kontrollieren und schaffen Strukturen. Sie sind sparsam mit Lob. Perfektionisten führen diszipliniert, nach Führungshandbuch. Es fehlt ihnen zuweilen an Flexibilität.
HELFER	Sie haben einen familiären Führungsstil. Bei Sympathie unterstützen sie ihre Mitarbeiter. Bei Antipathie dirigieren und bevormunden (oder ignorieren) sie jedoch. Sie wollen neben den Kunden- auch die Mitarbeiterbedürfnisse befriedigen. Wenn sie ihre eigenen Bedürfnisse vernachlässigen, neigen sie dazu sich auszupowern.

ERFOLGS-MENSCHEN	Erfolgsmenschen dirigieren und trainieren Mitarbeiter durch Zielvereinbarungen. Sie binden die Nützlichen an sich und meiden bzw. bekämpfen Rivalen. Sie übernehmen intuitiv den Stil, der gerade am Erfolg versprechendsten erscheint. Sie führen ein Leben auf der Überholspur. „Stopp" ist ein Fremdwort.
ÄSTHETEN	Ästheten führen Mitarbeiter emotional engagiert, individuell und unorthodox. Ihr Stil ist wenig berechenbar, zuweilen chaotisch, langfristig aber meist zuverlässig. Nach außen legen sie sich oft eine top-professionelle Maske zu. Das schwer Erreichbare ist für Ästheten besonders faszinierend.
BEOBACHTER	Beobachter dirigieren ihre Mitarbeiter und delegieren bevorzugt aus der Distanz. Sie arbeiten und führen gern als kühle Strategen im Hintergrund. Sie neigen zur Bildung elitärer Zirkel („inner circle"), Zutritt haben nur Auserwählte. Die typische Entkoppelung von Gedanken und Gefühlen lässt sie oft „eiskalt" erscheinen.
SKEPTIKER	Ihr Führungsstil ist ambivalent, zwischen Vertrauen und Misstrauen pendelnd. Als „Advocatus Diaboli" sind sie immer bemüht, verborgene Absichten auszuspüren. Sie sind stark im Krisenmanagement, aber schwächer, wenn alles (zu) gut läuft. Auch Skeptiker geizen mit Lob und Anerkennung, da sie meist defizitorientiert arbeiten.
OPTIMISTEN	Optimisten führen ihre Mitarbeiter gern demokratisch-kollegial und motivieren gern. Sie meiden hierarchische oder autoritäre Beziehungen und Strukturen. Sie sind stark in allem, was Anstöße für Neues und positive Zukunftsvisionen betrifft. Schwachstellen sind Kritikempfindlichkeit und die Ausweichmanöver bei Unangenehmem.

ÜBERSICHT III – TEAMVERHALTEN

KÄMPFER	Kämpfer können bis zum Umfallen ackern, solange sie mit dem Team identifiziert sind. Sie setzen sich für Schwächere ein, Schwächlinge hingegen kriegen Druck. Sie achten auf Leitungskompetenz und neigen bei Führungsschwäche zu Co-Leitung. Kämpfer holen bei Druck von oben für die anderen oft die „Kohlen aus dem Feuer".
VERMITTLER	Vermittler sind geborene Teamplayer-Herdentiere, die gern „mitschwimmen". Für sie ist das Team der Star und nicht der Einzelne. Profilneurosen verachten sie. Sie geben sich Mühe, sich anzupassen und nicht (unangenehm) aufzufallen. Sie sind ein guter Indikator für die Stimmung im Team, aber konfliktscheu.
PERFEK-TIONISTEN	Perfektionisten müssen auch im Team meistens Recht behalten. Gut tut da ein klar definierter und abgegrenzter Aufgabenbereich. Sie weisen im Team auf das hin, was besser laufen könnte. Sie bieten sich in idealer Weise als Reformer und Qualitätssicherungsexperten an.
HELFER	Helfern ist es wichtiger, mit wem sie arbeiten, als was sie arbeiten. Sie stellen sich bereitwillig in den Dienst von denen, die sie mögen (vor allem die Leitung). Sie fördern gern das Potenzial bei anderen und profilieren sich als Mentor. Helfer brauchen eine klare Rolle im Team, sonst mischen sie sich ungefragt ein.

ERFOLGS-MENSCHEN	Erfolgsmenschen übernehmen unter Gleichen gern die Führung. Sie sind schnell, ehrgeizig und messen sich mit anderen Teammitgliedern im Wettbewerb. Sie glauben an die Kooperation, solange sie ihnen etwas bringt. Erfolgsmenschen müssen lernen, dass das Team der Star ist und nicht der Einzelne.
ÄSTHETEN	Ästheten schätzen außergewöhnliche Aufgabenbereiche. Sie haben ein Talent, sich in schwierigen Situationen, z.B. Krisen, zu bewähren. Das Gefühl, etwas Besonderes zu sein, erschwert oft eine Integration ins Team. Ästheten sollten darauf achten, dass Gefühle sie nicht in ihrer Produktivität einschränken.
BEOBACHTER	Beobachter wollen im Team vor allem eins: nicht vereinnahmt werden (Zeit, Raum, etc.). Sie haben Stärken als Spezialisten, als Generalisten eingesetzt sind sie eher schwach. Sie haben die geringste Teamfähigkeit von allen Persönlichkeitsprofilen. Beobachter müssen darauf achten, ihr Wissen voll in den Dienst des Teams zu stellen.
SKEPTIKER	Skeptiker haben ihre Stärken im Team insbesondere als Problemmanager. Ihre Bedenkenträger-Haltung kann andere aber auch blockieren. Sie brauchen mehr als andere die Sicherheit der Gruppe, vertrauen aber nie ganz. Skeptiker müssen lernen, ihre Bedenken auf die entscheidenden Dinge zu fokussieren.
OPTIMISTEN	Bei Optimisten sprudeln kreative Ideen für Neuentwicklungen. Sie sind stark in der Anfangsphase, haben aber Mängel beim Durchhaltevermögen. Sie neigen dazu, sich Hierarchien im Team oder in der Organisation zu widersetzen. Ihr Kommunikations- und Vernetzungstalent lässt sich zum Wohle des Teams nutzen.

ÜBERSICHT IV – KONFLIKTVERHALTEN

KÄMPFER	Kämpfer scheuen keine Konflikte. Sie provozieren sie oft geradezu. Wie ein Boxer verfügen sie über Qualitäten im Austeilen und Einstecken. Es geht bei ihnen um Macht und Dominanz. Schuld am Konflikt ist immer der andere. Kämpfer sollten in Konfliktsituationen kompromissbereiter und diplomatischer werden.
VERMITTLER	Vermittler sind konfliktscheu, ja geradezu harmoniesüchtig. Sie lassen sich zu viel bieten. Sie verzichten lieber auf eine eigene Position, als Ärger zu riskieren. Vermittler entschuldigen sich auch noch dafür, wenn sie mal (zu recht) ärgerlich wurden. Zwingt man sie zu etwas, was sie partout nicht wollen, können sie jedoch explodieren.
PERFEK-TIONISTEN	Perfektionisten regen sich schnell auf. Sie versuchen jedoch, sich zu kontrollieren. Steigen sie dann in die Auseinandersetzung ein, sind sie schon sehr geladen. Sie wollen unbedingt Recht behalten und ereifern sich, wenn andere das nicht einsehen. Ihnen fehlt es in Konfliktsituationen oft an Abstand und Kompromissbereitschaft.
HELFER	Helfer neigen dazu, Konflikte zu personifizieren; sachliche Betrachtungen fallen schwer. Spannungen im Team mit Menschen, die ihnen wichtig sind, sind kaum zu ertragen. Nach außen sind sie (im Kollektiv) aber durchaus nicht konfliktscheu. Manche Konflikte werden durch ihre Einmischung erst richtig schlimm.

ERFOLGSMENSCHEN	Wenn Erfolgsmenschen etwas verlieren könnten, reagieren sie entschlossen und mit Biss. Sie wechseln bei Konflikten manchmal die Fronten und laufen zur Siegerseite über. Haben sie verloren und stehen schlecht da, möchten sie sich am liebsten in Luft auflösen. Geschäftliche Konflikte lassen sich leichter managen als private, vor allem emotionale.
ÄSTHETEN	Ästheten schwanken auch in ihrem Konfliktverhalten sehr stark. In der einen Situation klagen und jammern sie und verstecken sich schamhaft. In der anderen kämpfen sie verbissen und behaupten sich gegen stärkste Widerstände. Ästheten müssen aufpassen, dass sie sich nicht zum Nabel des Konfliktes machen.
BEOBACHTER	Wenn Beobachter am Konflikt nicht selbst beteiligt sind, sind sie gute Schiedsrichter. Sind sie jedoch betroffen, neigen sie dazu, auf eine Metaposition auszuweichen. Im Extremfall erklären sie sich als nicht zuständig und entziehen sich. Beobachter neigen aufgrund ihrer Distanz in Konflikten zu messerscharfen Urteilen.
SKEPTIKER	Skeptiker sind in Konfliktsituationen oft besonders wach und präsent. Ihr hohes Sicherheitsbedürfnis sucht den Weg zurück in ruhige Gewässer. Zugleich steht ihre pessimistische Art einer Konfliktlösung aber auch im Wege. Die Lösungsvorschläge von Skeptikern sind zwar oft genial, aber auch (zu) kompliziert.
OPTIMISTEN	Optimisten weichen drohenden Konflikten gern aus (durch Orts- oder Themenwechsel). Ist ein Konflikt doch unausweichlich, handeln sie nach der Devise „Augen zu und durch". Oder sie wenden die unangenehme Seite des Konflikts und sehen das Positive daran. Geschieht die Konfliktaustragung auf spielerische Art, sind sie dabei.

ÜBERSICHT V – ERFOLG IST ...	
KÄMPFER	... das herrliche Gefühl, meinen Willen durchgesetzt zu haben; ... einem Freund aus der Patsche geholfen zu haben; ... einem Feind den entscheidenden Schlag versetzt zu haben; ... mich nicht gebeugt zu haben, wenn ich etwas als unfair empfunden habe.
VERMITTLER	... wenn alles rund und harmonisch läuft; ... wenn ich um nichts kämpfen muss; ... wenn um mich herum alle zufrieden sind (d.h., zu ihrem Recht kommen); ... wenn auf das Verbindende geschaut wird statt auf das Trennende.
PERFEK-TIONISTEN	... eine vollkommene Lösung für ein praktisches Problem; ... eben 100 Prozent des maximal Denkbaren oder zumindest eine größtmögliche Annäherung; ... dass ich bei nicht optimalen Leistungen nicht für die Abstriche verantwortlich gemacht werde.
HELFER	... das gute Gefühl, wenn andere meine Hilfe oder meinen Rat annehmen; ... wenn die Saat aufgeht, die ich gesät habe; ... das gute Gefühl, dass andere auf mich und mein Engagement angewiesen sind; ... der ungeschmälerte Fortbestand einer wichtigen zwischenmenschlichen Beziehung.

ERFOLGS-MENSCHEN	... ein total faszinierendes Spiel, bei dem ich am Ende als Sieger durchs Ziel gehe; ... wenn ich beliebt bin, gut aussehe und es zu etwas gebracht habe; ... wenn meine Leistung und mein Einsatz belohnt werden; ... wenn ich die Karriereleiter zügig nach oben strebe.
ÄSTHETEN	... das einzigartige Gefühl, wenn das Produkt meines Schaffens ganz und gar stimmig ist und meinen besonderen Ansprüchen genügt; ... dieser eine, intensive Moment des Glücks, für den es sich lohnt zu sterben; ... so vergänglich wie eine Lotusblüte.
BEOBACHTER	... das erhebende Gefühl, etwas in seiner Tiefe und Substanz ganz erfasst zu haben und es präzise und logisch in Worte fassen zu können; ... meine strategischen Manöver langfristig aufgehen zu sehen; ... mein Ziel mit geringst möglichem Aufwand erreicht zu haben.
SKEPTIKER	... die Gewissheit, ein Problem (am besten im Voraus) erkannt und gelöst (bzw. umschifft) zu haben; ... dabei selbst keinen Schaden genommen zu haben und alle, die mir wichtig sind, ebenfalls vor solchem bewahrt zu haben.
OPTIMISTEN	... die Freiheit, das zu tun und mir das zu leisten, was ich gerne möchte; ... wenn eine tolle Idee von mir ins Laufen kommt; ... Menschen und Ideen zu verbinden und zu vernetzen; ... mich nicht unterkriegen zu lassen und wieder aufzustehen, wenn ich hingefallen bin.

FAQ und Ausblick

Es ist gut möglich, dass nach Abschluss der Lektüre einige Fragen bei Ihnen offen geblieben sind. Wir wollen versuchen, auf einige, die uns in unseren Trainings häufig gestellt werden (FAQ), Antworten zu geben.

Sie konnten ihr Persönlichkeitsprofil nicht eindeutig bestimmen?

Vielleicht haben Sie sich zu stark an der Geschichte orientiert und festgestellt, dass Ihnen das so nicht oder nicht mehr passieren würde. Vielleicht ist Ihnen auch das ausgewählte Berufsfeld fremd. Es ist eine willkürlich ausgewählte Geschichte aus dem beruflichen Kontext, wenn auch eine recht typische. Man hätte auch viele andere nehmen können. Schauen Sie mehr auf die kommentierenden Passagen, die Werte- und Entwicklungsquadrate, die Tipps und die vergleichenden Themenübersichten.

Manchmal ist es für einen selbst schwerer, das eigene Persönlichkeitsprofil zu entdecken, als für die Menschen, die einen sehr gut kennen. Seien Sie mutig und fragen Sie gezielt nach.

Wenn Sie schon einiges an Lebenserfahrung gesammelt haben, dann kann es auch hilfreich sein, auf dem eigenen Lebensweg gedanklich vor- und zurückzuzoomen. In jungen Jahren zeigt sich das Persönlichkeitsprofil oft viel ungenierter. Mit zunehmenden Lernerfahrungen wird das Verhalten oft differenzierter. Man kann eben „auch anders".

Sie tun sich schwer damit, das Persönlichkeitsprofil von anderen Menschen zu bestimmen?

Lassen Sie sich keine grauen Haare wachsen. Dazu braucht es ein wenig Erfahrung. Und es ist eigentlich nicht so entscheidend, die Antworten über jemanden bereits zu wissen.

Lernen Sie, die richtigen Fragen zu stellen und Sie können schnell eine Hypothese bilden, mit welchem Persönlichkeitsprofil Sie es zu tun haben bzw. welche Sie ausschließen können. Die zentralen Werte und Überzeugungen der einzelnen Persönlichkeitsprofile unterscheiden sich deutlich voneinander und legen Ihnen die Schlüsselfragen praktisch in den Mund. Fragen Sie also nach und lassen Sie sich überraschen, ob sich ihr erster Eindruck auch bei näherem Hinsehen bestätigt. Sie können zu diesem Zweck auch die Fragen aus dem Profil-Indikator verwenden.

SIE FRAGEN SICH, WAS SIE ZUSÄTZLICH ZU DEN TIPPS, DIE WIR IHNEN GEGEBEN HABEN, FÜR DIE ENTWICKLUNG IHRES POTENZIALS TUN KÖNNEN?

Es gibt mehr als 70 Buchtitel über das Enneagramm und zahlreiche Möglichkeiten, das Wissen und die Erfahrungen in Form von Seminaren oder Weiterbildungen zu vertiefen. Aber haben Sie Geduld mit sich, denn das Arbeiten an den typischen Schwächen und Entwicklungspotenzialen der einzelnen Persönlichkeitsprofile ist eine lebenslange Aufgabe, die sich allerdings lohnt, wie uns Teilnehmende aus unseren Trainings seit vielen Jahren immer wieder bestätigen.

SIE FRAGEN SICH, OB SICH DAS PERSÖNLICHKEITSPROFIL WÄHREND DES LEBENS ÄNDERT?

Eindeutig lässt sich die Frage nicht beantworten, aber nach unserer bisherigen Erfahrung nicht. Zwar ist es möglich, zur Meisterung schwieriger biografischer Situationen auch über längere Zeit einen anderen Persönlichkeitsstil zu übernehmen. Doch das ist sehr anstrengend und bei Wegfall der schwierigen äußeren Bedingungen kehren wir immer wieder zu unserem „natürlichen" Stil zurück.

Abschließend möchten wir noch einmal betonen, dass es uns mit diesem Buch darum geht, die Perspektive eines anders „gestrickten" Gegenübers in Zukunft leichter übernehmen oder zumindest besser verstehen zu können, wo dies bisher im Alltag nicht gelungen ist.

Es liegt ausdrücklich nicht in unserer Absicht, den Einzelnen damit festlegen zu wollen auf eine bestimmte Wahrnehmung oder ein bestimmtes Verhalten. Es geht darum, die Scheuklappen, die wir alle tragen, zu weiten – und nicht darum sie zu verengen.

In diesem Sinne wünschen die Autoren viel Vergnügen und Erfolg beim „Experimentieren" im Alltag.

LITERATURVERZEICHNIS

- Bragg, Mary (2002): Auf leisen Sohlen zum Erfolg. Der diskrete Charme der Einflussnahme, München.
- Doehlemann, Martin (1996): Absteiger. Die Kunst des Verlierens, Frankfurt a.M.
- Frey, Siegfried (1999): Die Macht des Bildes. Der Einfluss der nonverbalen Kommunikation auf Kultur und Politik, Bern.
- Goldberg, Michael (1998): Die Persönlichkeitszahl im Beruf, München.
- Gallen, Maria-Anne / Neidhardt, Hans (2005): Das Enneagramm unserer Beziehungen, Reinbek bei Hamburg.
- Hartmann, Michael (2002): Der Mythos von den Leistungseliten. Spitzenkarrieren und soziale Herkunft in Wirtschaft, Politik, Justiz und Wissenschaft, Frankfurt a.M.
- Hartmann, Michael (2004): Elitesoziologie. Eine Einführung, Frankfurt a.M.
- Helwig, Paul (1967): Charakterologie, Stuttgart.
- Mentzel, Wolfgang (2005): Personalentwicklung. Erfolgreich motivieren, fördern und weiterbilden, München.
- Palmer, Helen (2000): Das Enneagramm – sich selbst und andere verstehen lernen, München.
- Palmer, Helen / Brown, Paul B. (2000): Das Enneagramm im Beruf – Mehr Effizienz am Arbeitsplatz durch die Kenntnis der neun Persönlichkeitstypen, München.
- Schulz von Thun, Friedemann / Ruppel, Johannes / Stratmann, Roswitha (2005): Miteinander reden: Kommunikationspsychologie für Führungskräfte, Reinbek bei Hamburg.
- Sofsky, Wolfgang / Paris, Rainer (1994): Figurationen sozialer Macht. Autorität – Stellvertretung – Koalition, Frankfurt a.M.
- Der Spiegel (2001), Nr. 11: Im Rausch der Macht. Wie verändert sich der Mensch, wenn er Macht über andere gewinnt?, S. 96 – 106.
- Wellhöfer, Peter R. (2004): Schlüsselqualifikation Sozialkompetenz, Stuttgart.

Die verwendeten Zitate verdanken wir zum größten Teil dem Internetportal www.zitate.de

STICHWORTVERZEICHNIS